1日15分！
会計

最速勉強法

平林 亮子 著

プロローグ

今から13年前――。

春真っ盛りのある晴れた日に、僕（田中）と佐藤は同じ大学を卒業しました。

僕らはいわゆる似た者同士で、成績は並、同じサークルに所属し、よく一緒にお酒を飲んでは、潰れていました。

僕は電気メーカー、佐藤はＩＴ関連の企業にそれぞれ就職が決まり、将来への大きな夢に胸を膨らませていました。

あれから13年。

まさか、こんなことになろうとは思いもしませんでした…。

◉2人の違いを生んだ決定的なものとは？

「よう、田中。久し振り！」

僕が振り返ると、そこにはおしゃれなスーツに身を包んだ見たこともない男が立っていた。今日は大学を卒業して以来、初めての同窓会だ。

「おお！　久し振り…。えっと、ごめん、誰だっけ？」

「ははは。冗談よせよ。佐藤だよ。さ、と、う」

「佐藤？　え、佐藤か！　変わっちゃったから、全然分からなかったよ！」

「え？　もしかして俺、そんなにオッサンくさくなっちゃった？　大学を卒業してから13年経つからな…」

「いや、そういう意味じゃなくて。なんだか見違えたなと思って…」

大学時代の佐藤はどちらかというと地味な感じで、自慢じゃないけれど、僕のほうがはるかに女の子に人気があった。

でも、今の佐藤は正直、カッコいい。スーツがビシっと決まっているし、**何より自信に満ちたオーラがある。**

ふと、佐藤の腕に光っているものが目に入ってきた。

「お前、本当に変わったよ。何だか、その時計高そうだな」

「そうか？　３００万円くらいかな…」

「３００万円？　どこからそんな金が出てくるんだよ！　宝くじでも当たったのか？」

「いや、違うよ。**株**とかやってってさ。去年、**かなり儲かったん**だよ」

「株？　でも、株ってそんなに儲かるか？」

「やり方次第だと思うよ」

その答えに、僕は少しムッとした。なぜなら、僕も株をやっているからだ。本を何冊か読んで、チャートなんかも勉強している。でも去年は相場が悪かったし、僕自身は損をしていた。

そんな、僕の気持ちを察したのか、佐藤は話題を変えてきた。

「それはそうと、仕事は順調？　たしか、田中は電気メーカーだったよね？」

「そうだよ。去年、主任になってさ。まあ、順調だよ」

僕は少し、自慢げに言った。同期の中では少し遅いほうだが、去年、ようやく主任に昇進したからだ。電機メーカーの三芝といえば、世間的にはかなり名前が通っている。何より肩書きを名乗れるのが嬉しかった。

「そっちはどう？　佐藤はＩＴ関連の株式会社アールデジタルだったよね？」

「うん。実は去年、取締役になってさ。いろいろと大変だよ」

「と、取締役!?」

あまりの驚きに声が裏返った僕に対して、佐藤は何事もなかったように話を続けた。

「いろんな取引がうまくいってさ。それが評価されたんだ」

「いろんな取引？　取引って何だよ…」

「まあ、いろいろかな。内容については、企業秘密だから言えないんだけど」

それはそうだと思いながら、僕はため息交じりに言った。

「すごいな。よっぽど、才能があるんだな…。学生のときには成績とかも、全然変わらなかったのに…」

「おいおい、俺に特別な才能なんてあるわけないこと知ってるだろ？　取引がうまくいったのは運が良かったんだよ」


勝ち組、負け組…。そんな言葉が僕の脳裏に浮かんだ。

僕と佐藤を分けたものは、いったい何なのだろう？

生まれつきの才能に差があるわけじゃない。学生時代からの付き合いだから、それはよく分かっている。

佐藤が成功を望んで、僕が成功を望まなかったというわけでもない。

でも、大学を卒業して13年。

取締役と主任…。**僕と佐藤には、歴然とした差がついている。**


ふと、佐藤が口を開いた。

「ちょっと勉強すれば、誰にだって、いくらでもチャンスはあると思うよ…」

僕はふと疑問に思い、聞き返した。

「勉強？　俺だって本とか読んで、多少は勉強しているぞ」

「ビジネスに効く勉強があるんだよ。俺がいくつもの取引を成功させたり、株で儲けたりできたのは、すべてそのおかげだと思ってる」


ビジネスに効く勉強？　そんなものがあるのか？


もしも、佐藤のようになれたら…。僕はしつこく聞き返した。

「ビジネスに効く勉強って何だ？　自己啓発か？」

「違うよ。俺が勉強したのはね…」

そう言うと、佐藤はカバンから1冊の本を取り出した。

「**『1日15分！　会計最速勉強法』**？　会計の本か？」

「そうだよ。実は、俺が勉強したのは会計なんだ」

「でも、会計って分かりづらいだろ？　ベストセラーになった会計本を何冊か読んでみて、確かにそれなりにおもしろかったけど…。知識として定着しなかった気がするし…」

佐藤は、かぶりを振った。

「それが、この本のいいところでさ。**推理小説を読む感覚で、謎解きをしながら読み進めていくうちに、いつの間にか会計の知識が身につく**んだ。ストーリーの場面が頭に浮かんでくるから、**勉強したことを忘れにくい**し、さらに**ドリルで知識を定着**させることができるんだ」

佐藤は説明を続けた。

「だから、本当に**最短期間で、仕事に使える会計力を身につけることができる**よ。田中みたいな**忙しいビジネスパーソンには、最適の勉強法**じゃないかな」

本当かな？　僕は半信半疑だった。

「会計ね…。でも本当に役立つのかな？」

そのとき、ずっとこちらの様子をうかがっていた大学時代のマドンナ、白石が声をかけてきた。

「佐藤くん、だよね？　こっちで一緒に飲もうよ」

白石の声には、佐藤に好意があることがありありと現れている。佐藤はうれしそうに「今行くよ」と答え、去り際に一言つぶやいた。

「会計が役立つかどうか。結果は、見ての通りだよ」


佐藤が去り、僕はひとり取り残された。

白石に呼ばれた佐藤。取り残された僕。やはり、その差は歴然としている。

ふと机に目をやると、佐藤が置き忘れた『1日15分！　会計最速勉強法』が横たわっていた。


会計？　それで本当に、俺は変われるのか？

僕の脳裏を、佐藤の言葉がよぎった。

ちょっと勉強すれば、誰にだって、いくらでもチャンスはある…。
結果は見ての通りだよ…。

「そうだ！　俺にだってチャンスはある！　よし、俺もやってやるぞ！」

そう心に誓い、同窓会の最中、僕は本のページをめくり始めた…。

田中
会計最速勉強法

目次

プロローグ

1日目

なぜ、異なる業種の会社を買収するのか？
～M&Aの謎を解く！～

2日目

なぜ、赤字企業の株価が上がるのか？

～株式投資の謎を解く！～

3日目

なぜ、赤字でも会社は倒産しないのか？

～赤字企業の謎を解く！～

4日目

なぜ、社長は粉飾決算をするのか？

～粉飾決算の謎を解く！～

エピローグ

財務3表が分かる！「ミニ会計講座」

～決算書の謎を解く！～

本書の使い方（会計の知識を最速で習得するために）

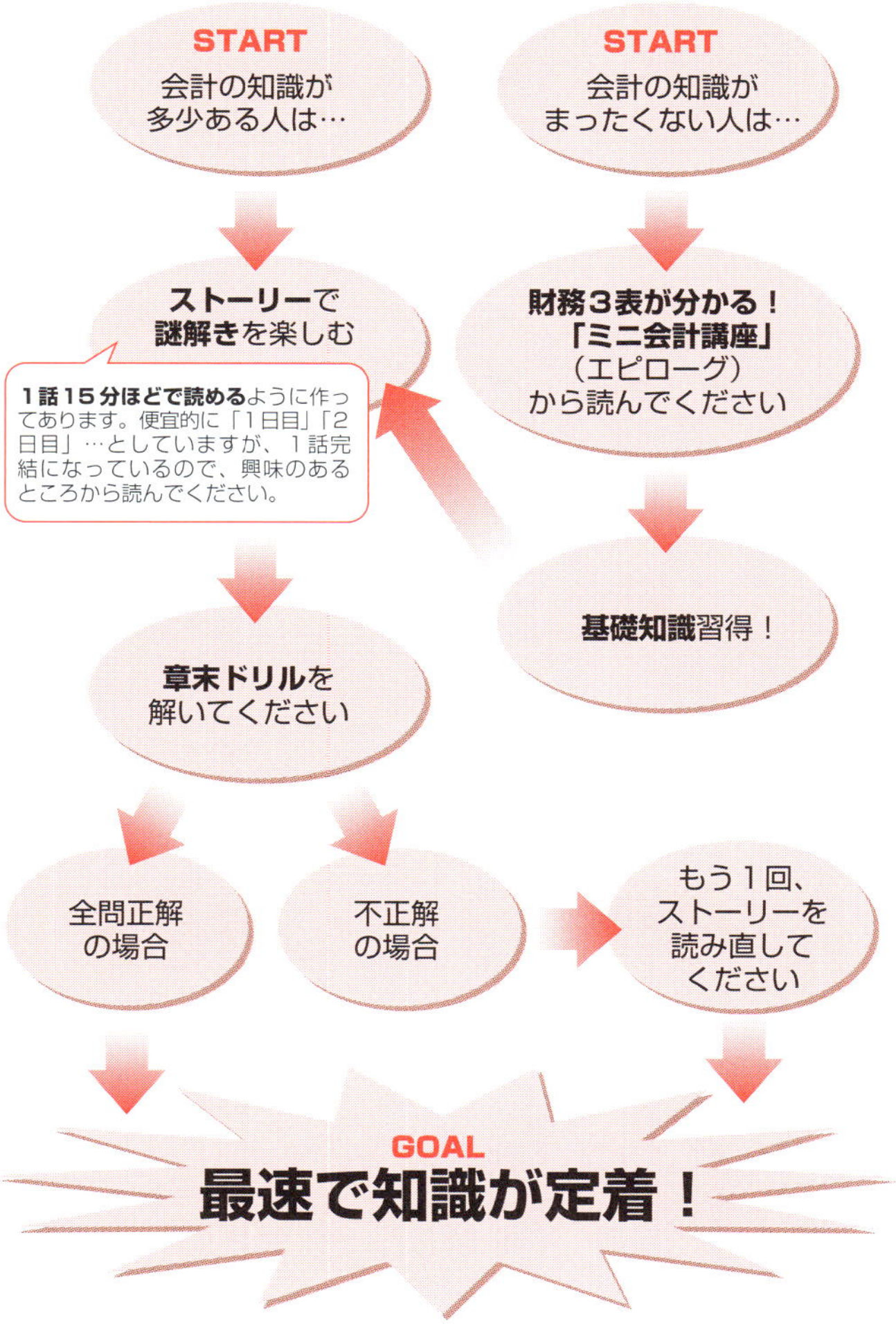
START
会計の知識が
多少ある人は…
START
会計の知識が
まったくない人は…
ストーリーで
謎解きを楽しむ
1話15分ほどで読めるように作ってあります。便宜的に「1日目」「2日目」…としていますが、1話完結になっているので、興味のあるところから読んでください。
財務3表が分かる！
「ミニ会計講座」
（エピローグ）
から読んでください
基礎知識習得！
章末ドリルを
解いてください
全問正解
の場合
不正解
の場合
もう1回、
ストーリーを
読み直して
ください
GOAL
最速で知識が定着！

ストーリー中に登場する

人物紹介

平林亮子

(ひらばやし りょうこ)

公認会計士。本書（1～4日目）の主人公。性格は大らかで、正義感が強い。

白石真由 (しらいし まゆ)

平林の助手。公認会計士を目指し勉強中。姉の恵は、佐藤、田中と同級生。

丸山勝 (まるやま まさる)

地域密着型スーパー、ＳＡＫＡＥＹＡ社長。負けず嫌い。お金儲けが好き。

佐藤智之 (さとう ともゆき)

株式会社アールデジタル取締役。成功意識が強く、勉強熱心なビジネスマン。

田中翔太 (たなか しょうた)

大手電機メーカー三芝の主任。佐藤の同級生。同窓会で会計の勉強を決意。

郷田庄吉（ごうだ しょうきち）

ＩＴ機器商社、株式会社ＧＯＤＡ社長。郷田商店を一代で大きくした剛腕。

小谷健太（こたに けんた）

株式会社ＧＯＤＡの経理部長。経理の知識や経験は豊富だが、気が弱い。

野村大吾（のむら だいご）

株式会社エヌツーカンパニー社長。本来は非常にまじめな性格だが…。

中津良介（なかつ りょうすけ）

株式会社エヌツーカンパニーの副社長。マイペースな性格で、しっかり者。

榛名正夫（はるな まさお）

和泉堂書房社長。経営は苦しいが、良質な本を作っている。温和な編集者。

1日目

なぜ、異なる業種の会社を買収するのか？

〜M&Aの謎を解く！〜

◉私（平林）と佐藤さんの出会い

6月の下旬。

今をときめくIT企業、株式会社アールデジタルの佐藤さんから、私（平林）のもとに1本の電話がかかってきた。

「おかげさまで、**本日の株主総会で、正式に取締役に就任しました！**」

「本当ですか？　おめでとうございます！　本当によかったですね！」

「はい。これも平林先生のおかげです。これからも引き続き、よろしくお願いいたします」

この時期には、数多くの企業が株主総会を迎える。佐藤さんの電話は、取締役就任の報告だった。

佐藤さん、じゃなくて佐藤取締役か…。感慨に浸りながら、私は電話を切った。

「お礼を言いたいのは、私のほうですよ」

私はそうつぶやきながら、佐藤さんとの出会いを思い出していた。


あれは、今から約1年前——。

「やっぱり、もうダメかな…」

和泉堂書房の決算書を眺めて、私はため息をついた。**少しずつ膨らんでいった負債が業績を圧迫**し、どれだけ本業で稼いでも、経営を継続することは、どう見ても困難だった。

和泉堂書房は中堅の出版社だ。『家事のコツ！　ツボをおさえて上手に手抜き』シリーズを中心に、主婦層の支持を受けていたものの、インターネットの普及により、同社の業績は7年ほど前から、徐々に悪化していた。

そんな状況を憂慮して、和泉堂書房の榛名社長が私の事務所に初めていらしたのは、約2年前。何とか業績を回復させ、従業員たちと良い本を作り続けたい、というのが榛名社長の願いだった…。

銀行に元本の返済を猶予してもらったこの2年間。努力の結果、書籍の販売部数は少しずつ伸びてきた。当然、あらゆる経費を削り、**コスト削減**にも成功した。だが、いくら本業で稼いでも、過去から少しずつ積み上げられた負債が経営を苦しめる状況を変えることができなかった。

増資による資金調達を試みたが、**経常赤字**の和泉堂書房は見向きもされない。「本業では利益を得ているのだ」と説明しても、聞く耳さえ持ってもらえないのだ。

「平林先生のおかげで、ここまで回復できました。満足です。潮時ですよ…」

私の事務所の応接室で、榛名社長はおだやかな口調でつぶやいた。それに対して、私は何も言えなかった…。

◉業績の良し悪しはどう判断するのか？

榛名社長が帰ったあとも、私は和泉堂書房のことばかり考えていた。そんな私の様子を見た助手の真由が、不思議そうに聞いてきた。

「先生はよく、社長には会社をたたむ勇気も必要だ、っておっしゃいますよね？　和泉堂書房は、赤字でしょ？　どうして頑張って続けようとするんですか？」

「**赤字といっても、種類があるの**よ。**和泉堂書房の場合、本業ではちゃんと黒字**なの。業績は確実に回復しているから、ここであきらめるのはもったいないと思って…」

もうすぐドリル

ドリル1 Q

ここに2つの損益計算書があります。和泉堂書房の損益計算書は、AとBのどちらでしょうか？　（答えは22ページ）

和泉堂書房の損益計算書はどっちだ？

A

（単位：千円）

㋑ 売上高	600,000
㋺ 売上原価	360,000
㋩ 売上総利益	240,000
㋥ 販売費及び一般管理費	210,000
㋭ 営業利益	30,000
㋬ 営業外収益	2,000
㋣ 営業外費用	35,000
㋠ 経常利益	▲3,000

B

（単位：千円）

㋑ 売上高	600,000
㋺ 売上原価	360,000
㋩ 売上総利益	240,000
㋥ 販売費及び一般管理費	270,000
㋭ 営業利益	▲30,000
㋬ 営業外収益	30,000
㋣ 営業外費用	3,000
㋠ 経常利益	▲3,000

ドリル1

A 正解はA

ここでのポイントは、**和泉堂書房の損益計算書では、「営業利益」が出ている**ことだ。これは本業が黒字、つまり、**書籍を作って売るというビジネスではちゃんと儲かっている**ということなのだ。和泉堂書房には、まだ未来が見えている…。

「それでも、赤字は赤字ですよね？」

「そう。でもそれは**負債**、つまり借金のせいなの。**借金には、利子がかかる**でしょう？　支払わなければならない利子が、損益計算書のどこに計上されるか、真由は当然分かるよね？　基本的な問題よ」

「それは…」

もうすぐドリル

ドリル2

Q

借金にかかる利子が計上されるのは、どこでしょうか？　㋑から㋠（21ページの損益計算書）の中から、選んでみましょう（答えは24ページ）。

ドリル2

A 正解は㋣営業外費用

真由はふてくされながら言った。

「先生！ もちろん、それぐらい分かりますよ！ 利子が計上されるのは、営業外費用（㋣）ですよね？」

「正解！ **借金の利子の支払いは、書籍の販売に直接関係のない費用**だから、**営業外費用**に計上するのね」

私は、和泉堂書房の損益計算書を指差した。

「ここを見て。営業外費用が３，５００万円もかかっているでしょ？ もし、借金をなんとかして返済することができたとしたら、この会社は黒字化できるのよ」

「なるほど！ **借金を返して、利子を支払わなくても済むようになれば、黒字になる**んですね。私の友人に、クレジットカードで作った借金を親に肩代わりしてもらって、何とか自立している子がいますけど、それと同じことですよね？」

「まあ、そんなところ」

私は一息ついて言った。

「ところでね。実は、今の和泉堂書房を単に黒字にするだけなら、話はもっと簡単なの。**借金を返済しなくても、黒字化する方法がある**のよ」

「えっ！　借金を返さなくても、黒字化する方法があるんですか？」

真由は驚きの表情を見せている。

「ちょっとしたところを変えるだけでね。答えは簡単なの。ズバリ、借金の●●を変えればいいのよ」

もうすぐドリル

ドリル3 Q

和泉堂書房を黒字にするためには、何を変えればいいでしょうか？　●●の中に入る言葉を、次の中から選んでみましょう（答えは26ページ）。

A. 計上方法　B. 返済期間
C. 利率　D. 保証人

ドリル3
A

正解はC．利率

「ズバリ、**借入の利率を変えればいい**のよ」

私は和泉堂書房の損益計算書に書き込みながら、説明した。

「簡単に言うと、**和泉堂書房の営業外費用は、すべて支払利息**なの。現在の借入利率は3・5％。これが3％になるとどうなる？　計算してみて」

「3・5％のとき3，500万円だから…。3％なら3，000万円になりますね」

「そうすると、ほら。黒字になるでしょ？　ギリギリだけどね（27ページ図参照）」

「それなら、話は早いじゃないですか？　銀行に行って、利率を下げてもらいましょうよ」

「それが、難しいの。和泉堂書房と銀行の力関係で、これ以上の条件は無理って言われていて。うちの他のクライアントで、もっと有利な条件で借りているところがあるのに…」

もちろん利率を下げても、元本の返済資金まで確保できるのかといった問題は残る。だが、いずれにしても**資金調達がカギを握っている**のだ。

それなのに、最後の突破口を見つけられない。私は自分の無力さが悔しかった…。

利率を3%とした場合の損益計算書

（単位：千円）

売上高	600,000	
売上原価	360,000	
売上総利益	240,000	
販売費及び一般管理費	210,000	
営業利益	30,000	
営業外収益	2,000	
営業外費用	~~35,000~~	→ 30,000
経常利益	~~▲3,000~~	→ 2,000

借金の利率を3.5%から3%に
下げれば、黒字になる！

◉突然の提案

榛名社長が「会社の清算」を決意して数日が過ぎた頃、突然電話がかかってきた。

「平林先生。先日はありがとうございました」

相変わらず、ゆっくりとした静かな口調だった。

「榛名社長、こちらこそ。あれからいろいろと考えているのですが、やっぱり解決策がなくて。本当にすいません…」

「その話なんですがね。実は先日、ある会社が弊社を買収したいと連絡してきまして」

「えっ！」

私は驚きを隠せなかった。実はこれまでも、Ｍ＆Ａまで視野に入れ、同業者に資金援助をお願いしてきたからだ。

「いったい、どこの会社が買収をしかけてきたんですか？　大手の出版社ですか？」

「いいえ、違うんです。実は、株式会社アールデジタルという会社なんですよ。なんでもＩＴ企業らしいのですが…」

株式会社アールデジタル？　名前だけは聞いたことがある。たしかマザーズにそんな会社があったはずだ。私は榛名社長に言った。

「ＩＴ企業というのが、少し気になりますね…。調べてみましょうか？」

株式会社アールデジタルは、お金が余っているのだろうか？　私は正直、ＩＴ企業がしかけるＭ＆Ａには、あまり良い印象を持っていない。しかし、良い書籍を作り続けたい、従業員を守っていきたい、という榛名社長の思いも大切にしたい。もしも買収してもらうことでその望みがかなうのであれば、それは願ってもないことだ。

「榛名社長。いずれにしても、今度、一緒に先方の担当者と会ってみませんか？　アールデジタルさんについては、それまでに私のほうで調べてみますから」

私は榛名社長に告げて、電話を切った。

●なぜ、Ｍ＆Ａをするのか？

株式会社アールデジタルは、**東証マザーズに上場**している会社だった。決算書なども容易に入手できるし、インターネットだけでかなりの情報を得ることができる。私が入手した情報をレポートにまとめながら、真由が私に話しかけてきた。

「先生。ところで、何でＩＴ企業が出版社をＭ＆Ａするんですか？」

「本来は、M&Aにより、**新たな企業価値を生む**からこそ、実施されるものだと思うけれど…。今回はたぶん、**お金が余っている**からでしょう。決算書のある部分を見ると、そのことがよく分かるわ」

ドリル4
Q

企業にお金があるかどうかは、決算書のどこを見れば分かるでしょうか？　次の図（A～K）の中から、3つ選んでみましょう（答えは32ページ）。

貸借対照表

（単位：百万円）

資産の部	負債の部
	C.流動負債 3,100
A.流動資産 8,700	D.固定負債 100
B.固定資産 4,000	E. 純資産の部 9,500

損益計算書の一部

（単位：百万円）

F.売上高	20,500
売上原価	15,500
売上総利益	5,000
販売費及び一般管理費	3,000
G.営業利益	2,000
営業外収益	200
営業外費用	50
H.経常利益	2,150

キャッシュフロー計算書

（単位：百万円）

I.営業活動によるキャッシュ・フロー	1,200
J.投資活動によるキャッシュ・フロー	▲2,000
K.財務活動によるキャッシュ・フロー	2,500

ドリル4
A 正解はA、I、J

「**流動資産**（A）と**営業活動によるキャッシュフロー**（I）と**投資活動によるキャッシュフロー**（J）を見れば、**企業にお金があるかどうかはだいたい分かるわ**」

アールデジタルの決算書からは、いろいろなことが読み取れた。

例えば、**貸借対照表の流動資産には現金や預金の期末残高が記載される。**アールデジタルの決算書からは、流動資産はほとんどが現金と金銭債権であり、いわゆる**在庫などにお金が使われていない**ということが読みとれた。

さらに、キャッシュフロー計算書に記載された1年間のお金の増減を見ると、**営業活動によるキャッシュフローがプラス、**つまり**ビジネスできちんとお金を増やしている**ことが分かる。また、**投資活動によるキャッシュフローがマイナス**であることから、**余剰資金を積極的な投資に費やしている**様子をうかがうことができた。

もちろん、決算書だけで全てが分かるわけではない。だが、アールデジタルは、どうやら積極的なM&Aを展開しているようだった…。

●M&Aとは？

後日、私は榛名社長とともに、アールデジタルを訪ねた。都心の大型ビルではなく、表参道から少し歩いたところにあった。決算書から察するに、自社ビルではないようだ。

私たちは、大きな窓のあるミーティングルームに通された。しばらくすると、細身のスーツに身を包んだ、30代半ばと思われる男性が入ってきた。

「はじめまして。アールデジタル、M&A推進室の佐藤と申します」

M&A推進室？　やはり、今時はやりの「会社の売買」をしているだけかもしれない…。一通りのあいさつを終えると、佐藤はさっそく、説明を始めた。

佐藤の説明によると、アールデジタルは、携帯電話向けコンテンツの開発を中心に業績を伸ばしてきた会社だった。上場後、その資金力とコンテンツ制作能力を生かし、インターネットのポータルサイト運営会社や無料オンラインゲーム運営会社などを買収。携帯とインターネット上のコンテンツ制作において、日本のトップといっても過言ではなかった。

「そして、これから進出したいメディアが、紙面とテレビなんです。そんな折、和泉堂書房さんの噂を耳にしました」

「話は分かりました。ですが、これは弊社のことを知っていただいたうえでの話ですか？」

おだやかな口調で話す榛名社長とは対照的に、佐藤は熱く語った。

「もちろんです！　御社の業績はもちろん、『家事のコツ！』シリーズも拝読いたしました。そのうえで、それぞれの強みを生かしてビジネスを展開できると考えております」

佐藤の言葉に嘘はないかもしれない…。そう感じた私は、一番気がかりだったことを単刀直入に聞いてみた。

「アールデジタルさんは、和泉堂書房を安く買って、高く売るつもりではないのですか？　もし、和泉堂書房を商品として見ているのであれば、この話は…」

佐藤は打ち消すように言った。

「とんでもない！　御社を売買をするつもりはありませんよ！　財務面について言えば、弊社は和泉堂書房さんの全ての株を榛名社長から購入させていただいたうえで増資し、負債を全額返済する予定です。御社の業績が苦しいのは、負債の存在と、ビルを所有していることが大きな原因と分析しています」

佐藤の指摘は、もっともだった。和泉堂書房は、15年前に小さなビルを購入していたが、このために発生する**減価償却費が、営業利益を悪化させる原因**にもなっていた。

減価償却とは？

例えば、社用車や自社ビル（＝固定資産）など、会社で使用する設備等で１年以上使用でき、かつ10万円以上するものは経費として一括で処理できないのが原則です。こうしたものは、一定期間（＝耐用年数）で、徐々に経費にします。これを、減価償却といいます。なお、耐用年数は、資産の種類によって異なります。

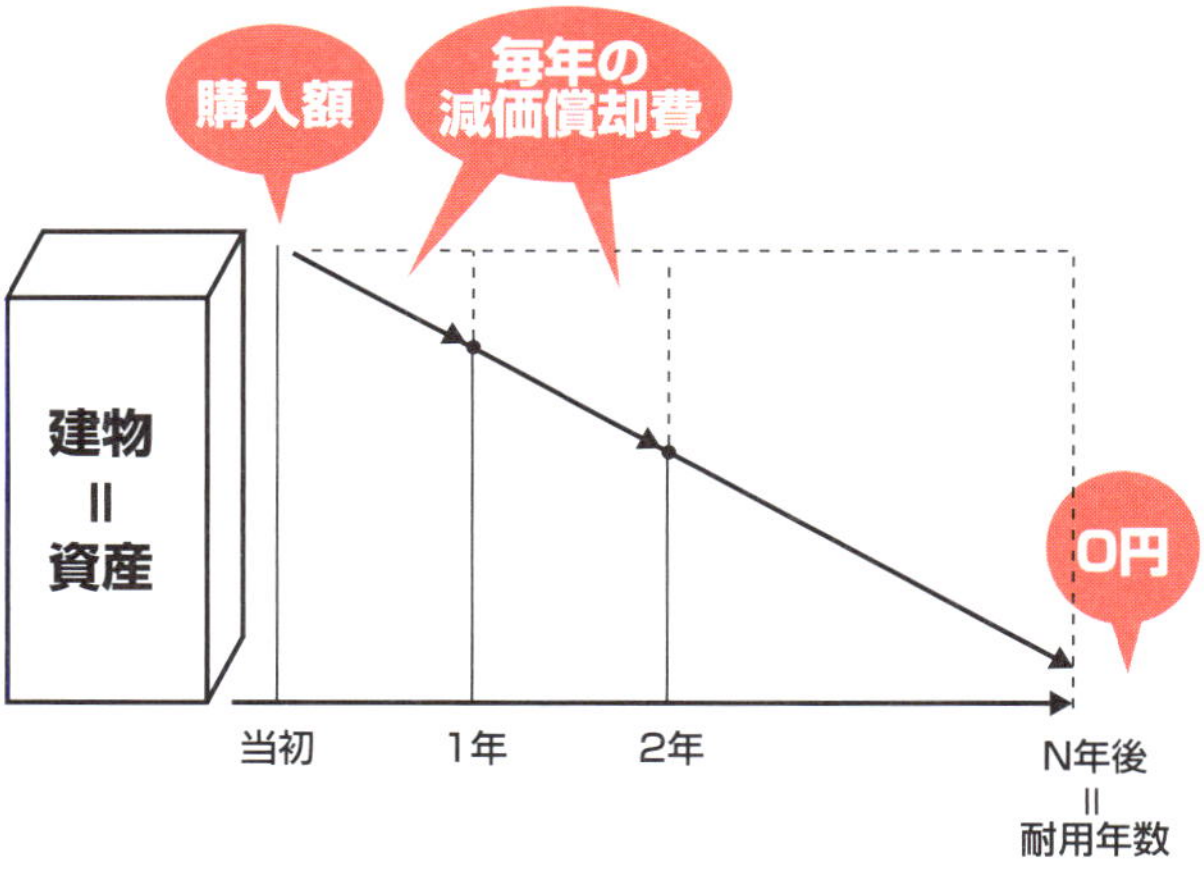

購入額
毎年の減価償却費
建物＝資産
0円
当初
1年
2年
N年後＝耐用年数

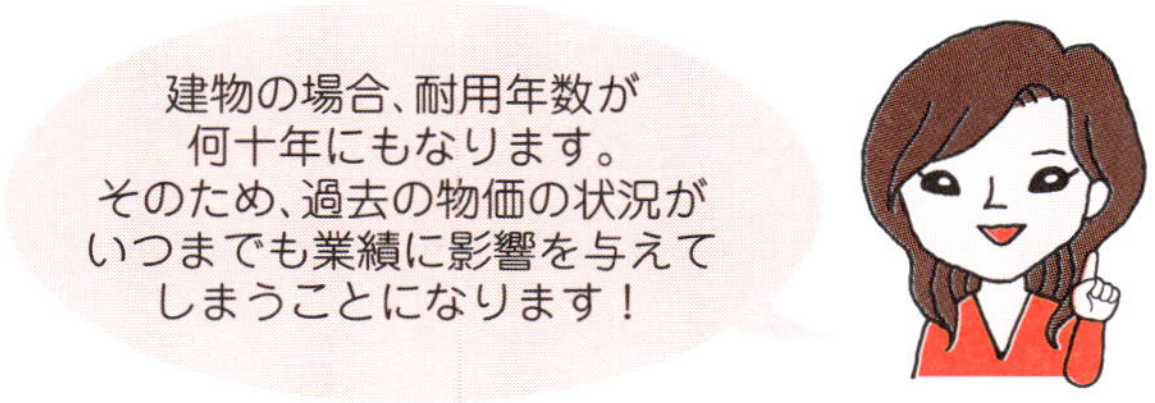

建物の場合、耐用年数が何十年にもなります。そのため、過去の物価の状況がいつまでも業績に影響を与えてしまうことになります！

「ビルについては、私どものグループ会社に買い取ってもらうつもりです。そのうえで、テナントとして入ってもらいます。**ビルの売却は帳簿上、かなりの特別損失が出る**ことになるでしょう。しかし、それにより**資産の圧縮と、利益数値の適正化が図れる**はずです」

佐藤は続けた。

「私どもは、買収企業の業績について、減価償却費の影響を排除した**ＥＢＩＴＤＡ及びフリーキャッシュフロー**を重視して検討します。歴史のある企業ならなおさらですよ」

佐藤の言うことは、まったくその通りだった。和泉堂書房の今の決算書は、和泉堂書房の本当の姿を描き出していない。私はもう１つ、気になったことを聞いてみた。

「合併という道は、検討されなかったのですか？」

佐藤はうなずきながら、またも熱く語り出した。

「私どもがＭ＆Ａをご提案する際は、常に合併も視野に入れて検討します。しかし、今回について言えば、**合併はむしろマイナス面が大きい**と判断しました。なぜなら、書籍の業界は慣行や昔ながらの付き合いなど、私どもの理屈が通じないことも多い。合併によって社名が変わってしまえば、すべての取引を一からやりなおさなければなりません」

佐藤は一息入れて、言った。

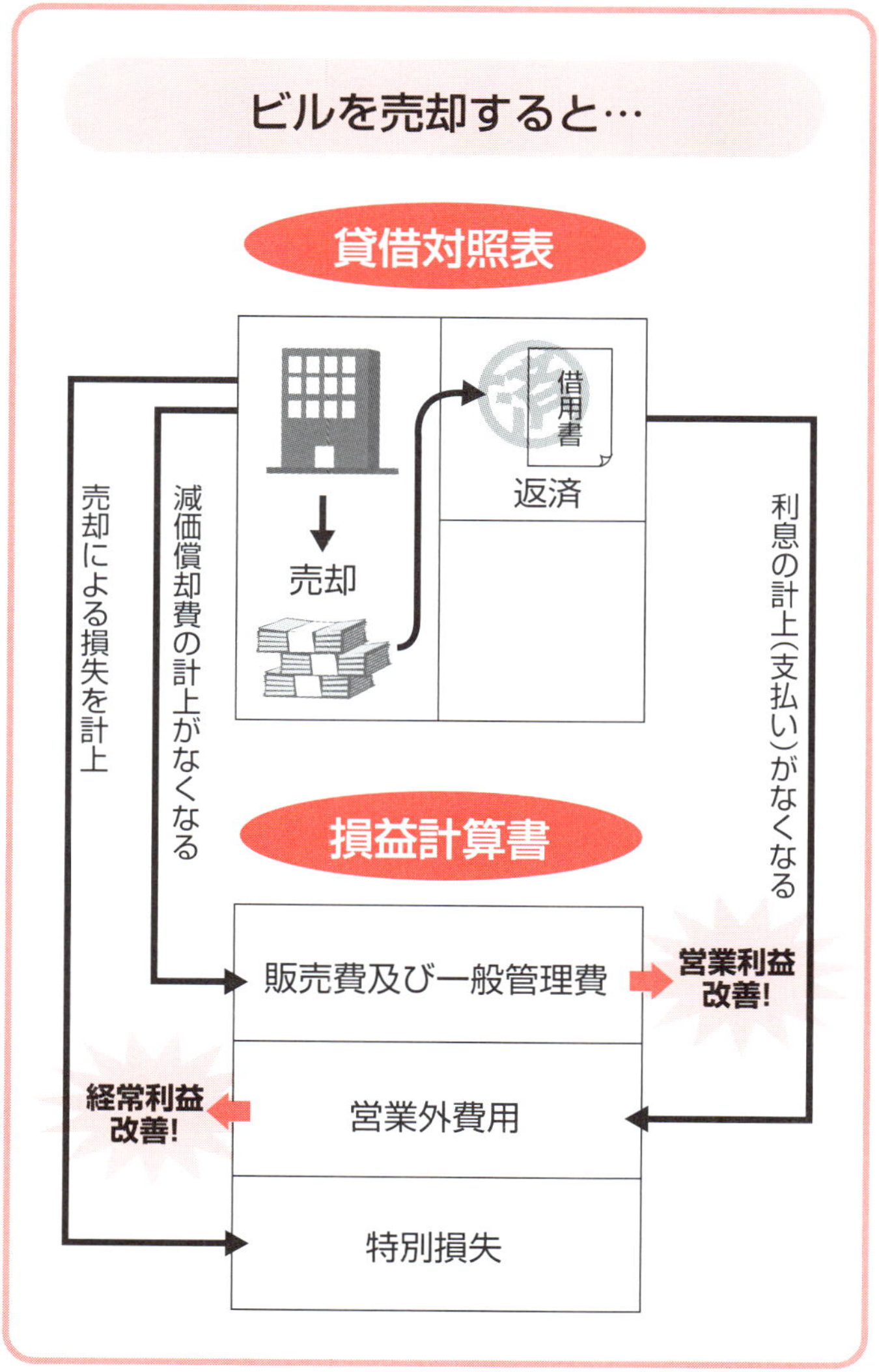
ビルを売却すると…
貸借対照表
借用書
返済
売却
売却による損失を計上
減価償却費の計上がなくなる
利息の計上(支払い)がなくなる
損益計算書
販売費及び一般管理費
営業利益改善!
営業外費用
経常利益改善!
特別損失

「だから、和泉堂書房という会社そのものをどうしても残したいんです。さらに言えば、そこで働く人たちにも残ってもらうことが、私どもとしても得策なんです」
「決算書に現れない財産まできちんと分析されている、というわけですね」
どうやら、アールデジタルは和泉堂書房のこともきちんと考えてくれている。私と榛名社長は、佐藤の話を聞きながら、そう感じていた。

◉会社の値段はいくら？

私と榛名社長は話し合いの末、和泉堂書房をアールデジタルに委ねてみようということで意見が一致した。株式の譲渡だから、当面、会社も従業員もこれまでと変わりない。しかし、株式を売る以上、その後のことは新しい株主が決めていくことになる。私たちは、できる限り和泉堂書房がそのままの形で残るよう交渉し、佐藤にも了承してもらった。

もうすぐドリル

最後の問題は、**株式の譲渡価格**だ。こちらの倒産を救ってもらう形での買収だから、当然、アールデジタルに有利な価格が出てくるだろう。そのためには、こちらも理論武装して、適正な価格を提示できるようにしておかなくてはならない。

貸借対照表から考えると、**株式の総額は約1億円**だ。

ドリル5

Q

ここに2つの貸借対照表があります。和泉堂書房の貸借対照表は、AとBのどちらでしょうか？（答えは40ページ）

貸借対照表

A

（単位：千円）

資産	負債・純資産
資産 1,100,000	負債 1,000,000
	純資産 100,000

B

（単位：千円）

資産	負債・純資産
資産 100,000	負債 1,000,000
	純資産 ▲900,000

ドリル5
A
正解はA

一般的に**純資産が企業の価値の目安**となる。つまり、**純資産1億円が和泉堂書房の株式の総額を意味する**わけだ。その上、貸借対照表の資産の金額は**「取得原価」**だから、時価に直して計算しなおしたほうが実態に近いデータとなる。**自社ビルについては、現在の時価はこんなに高くない**はずだ。

いろいろ考えると、良くて8，000万円というところか？ 何とかそれを下らないようにしようと、私は覚悟を決めた。そして譲渡価格の目安を榛名社長に告げると、佐藤からの価格の連絡を待つことにした。

◉買収価格の謎

佐藤から榛名社長のもとに連絡があったのは、数日後のことだった。佐藤はアールデジタルの役員たちの承認をとったうえで、価格を提示してきたのだという。

「それで、結局いくらだといわれました？」

電話でそう尋ねた私に、榛名社長はいつもより少し上ずった口調でこう言った。

「それが、私の聞き間違いでなければいいんですがね…。2億円と言ってきました」

「2億円？」

私は耳を疑った。

「私もびっくりしたんです。平林先生のおっしゃった金額のほうが感覚的にしっくりくるものでしたから。いったい、どこから2億という金額が飛び出したんですかね…」

「理由や計算根拠については、お聞きになりましたか？」

「詳しくはお会いしてからということでした。このあたりは、きっちり説明を聞かないといけないですね。意味も分からず高いのは、気味が悪いですから」

そう言って、榛名社長は電話を切った。事務所で考え込む私に、電話を横で聞いていた真由が話しかけてきた。

「高く売れそうで、良かったですね。和泉堂書房の負債まで返済してくれて、言うことなしじゃないですか？」

「そうね。和泉堂書房の負債は10億円だから、榛名社長への支払いと合わせると12億円の支出になるわね」

「12億円ですか！　アールデジタルって本当にお金があるんですね！　でも、和泉堂書房は、それだけの価値のある会社だってことなんですかね？」

　真由のそのひと言に、私はハッとした。12億円を払ってでも買いたい会社…。つまり、和泉堂書房は12億円の投資価値のある会社ということなのだ。

「真由、ありがとう！　おかげで2億円の謎が解けたわ！」

●「インカムゲイン」とは？

「アールデジタルがねらっているのは、**インカムゲイン**なのよ」

「インカムゲイン？」

「つまりね。投資をするということは、当然、それだけのリターンをねらっているということでしょ？」

　私は説明を続けた。

「でも、アールデジタルは、和泉堂書房を売買する気はない…。**売買によるリターン**、つまり、**キャピタルゲイン**をねらっているわけではないのよ。だから…」

「インカムゲインをねらっているんですか？」

「そう。企業の利益は最終的には●●のものでしょ？　12億円投資するのに見合うだけの利益があれば、それで取引が成り立つのよ」

ドリル6 Q

企業の利益は誰のものでしょうか？　●●に入る言葉を、次の中から選んでみましょう（答えは44ページ）。

A. 社長　B. 社会
C. 株主　D. 企業

私は紙と鉛筆を取り出した。

「仮に、12億円の投資に対して、利回りを10％求めるとしたら、いくらの利益が必要になる？　簡単な計算よ」

「えっと…」

ドリル7 Q

12億円の投資に対して利回り10％を求めるとしたら、いくらの利益が必要ですか？計算してみましょう（答えは44ページ）。

ドリル6
A
正解は**C．株主**

ドリル7
A
正解は**1億2，000万円（12億円×10％）**

「えっと、答えは1億2，000万円ですね」

「正解」

　私はできるだけ、分かりやすく説明をした。

「簡単に言うと、アールデジタルは和泉堂書房について、さらなる利益の向上が可能だと考えているのよ。そこで、**見込める利益を計算して、必要な利回りで割り出した**のね。アールデジタルがどのくらいの利益を見込めるのか、利回りを何％で見積もっているのかは分からないけど、その結果、トータルの投資額が12億円となったんでしょう」

「あっ！　なるほど、分かりました！　それで12億円のうち、10億円は負債の返済に充てるから…。２億円は榛名社長の株式の購入に充てられるというわけですね！」

元本12億円で利回り10%を求める場合

12億円×10%＝1億2,000万円

逆に1億2,000万円の利益が見込める時
10%の利回りを期待するなら…

1億2,000万円÷10%＝12億円

利益を期待
利回りで割引く
手法として、DCF法
などがあります。

◉企業価値を測る方法

「実は**会社の値段、企業価値を測る方法は、いくつかある**のよ。インカムゲインを使う方法は、そのうちの1つね」

私は主な算定方法を紙に書いて説明した。

①**純資産アプローチ**…貸借対照表の純資産をもとに算定
②**インカムアプローチ**…利益やキャッシュフローから期待する利回り等で適正額を算定
③**マーケットアプローチ**…株価から算定（上場企業の場合）

「今回のアールデジタルの算定方法は、おそらく②のインカムアプローチね。企業価値を算定する方法はそのほかにもいくつかあるけれど、利益の見込みが見えるなら、インカムアプローチが適切な方法かもしれないわね」

後日、榛名社長とともにアールデジタルを訪れると、やはり、インカムアプローチによって算定したことを明かしてくれた。

　佐藤は相変わらず、熱い口調で語った。

「確かに、純資産から考えると、今回の提示額は、少し高めの金額かもしれませんね。しかし、それこそが、**ブランドイメージや人材、人脈、販路など、貸借対照表の資産とならない●●という財産**ではないですか？」

もうすぐドリル

ドリル8 Q

●●にあてはまる言葉を、次の中から選びなさい**（答えは48ページ）****。**

A. 無形固定資産
B. 繰延資産
C. 将来性
D. のれん（営業権）

ドリル8
A

正解はD．のれん（営業権）

※ただし、これが貸借対照表の資産となる場合もある

株式の譲渡価格が決まり、あとは所定の手続きを踏むだけだった。榛名社長が株式の譲渡契約書に印鑑を押し、すべての取引が終了した。

「これから、どうぞよろしくお願いいたします」

佐藤が右手を差し出すと、榛名社長はしっかりと佐藤の手を握り返した。

「こちらこそ」

あれから、約1年。榛名社長は和泉堂書房の社長として、今も素晴らしい本を作り続けている。

私はと言うと、和泉堂書房の件をきっかけに、佐藤氏の会計アドバイザーとなった。佐藤氏は、私と一緒に数々のM&Aに成功。

その結果、株主総会でアールデジタルの取締役に就任が決定したのだった。

Q5 次のD社の決算は、①～④のどれに当たるでしょうか？

D社の損益計算書 （単位：百万円）

	昨年度	今年度
売上高	4,788,000	4,712,000
原価および販売費及び一般管理費	4,014,000	3,904,000
営業利益	774,000	808,000

①増収増益　②増収減益　③減収増益　④減収減益

Q6 買収をしかけて株を手に入れたとき、その買収資金の支出はキャッシュフロー計算書のどこに計上されるでしょうか？

A．営業活動によるキャッシュフロー　B．投資活動によるキャッシュフロー
C．財務活動によるキャッシュフロー

Q7 企業経営にとって正しい文章はどれでしょうか？

①資産は多ければ多いほど、良い企業である。
②負債は少なければ少ないほど、良い企業である。
③現金を持っていればいるほど、良い企業である。
④売上が大きければ大きいほど、良い企業である。
⑤いずれも正しいとはいえない。

●章末ドリル（答えはP52～P53）

Q1 負債を圧縮（返済）したら黒字になる可能性があるのはA社、B社のどちらでしょうか？

A社の損益計算書　（単位：百万円）

売上高	82,000
売上原価	62,000
売上総利益	20,000
販売費及び一般管理費	19,500
営業利益	500
営業外収益	150
営業外費用	950
経常利益	▲300

B社の損益計算書　（単位：百万円）

売上高	63,000
売上原価	34,000
売上総利益	29,000
販売費及び一般管理費	36,000
営業利益	▲7,000
営業外収益	300
営業外費用	800
経常利益	▲7,500

Q2 企業が従業員のリストラを断行した場合、損益計算書のどの金額に影響があるでしょうか？　複数回答可。

A．売上原価　B．販売費及び一般管理費　C．営業外費用　D．特別損失

Q3 借金の元本を返済した場合、キャッシュフロー計算書のどこにその金額が計上されるでしょうか？

A．営業活動によるキャッシュフロー　B．投資活動によるキャッシュフロー
C．財務活動によるキャッシュフロー

Q4 次のC社の決算は、①～④のどれに当たるでしょうか？

C社の損益計算書　（単位：百万円）

	昨年度	今年度
売上高	277,000	287,000
売上原価	212,000	221,000
売上総利益	65,000	66,000
販売費及び一般管理費	55,000	58,000
営業利益	10,000	8,000

①増収増益　②増収減益　③減収増益　④減収減益

Q5 ③減収増益

D社は売上が減少しているにもかかわらず、営業利益が増加している。これは、コストを見直し、効率の良い経営を実践した結果であると考えられる。なお、D社は、株式会社エヌ・ティ・ティ・ドコモの平成19年3月期、平成20年３月期の金額を参考に作成。

Q6 B. 投資活動によるキャッシュフロー

営業活動によるキャッシュフローは、商品の売買など本業のビジネスの収支のこと。投資活動によるキャッシュフローは、設備投資と余剰資金の運用に関する収支のこと。財務活動によるキャッシュフローは、資金調達に関する収支のこと。株式の売買に関する収支は、投資活動によるキャッシュフローに計上される。

Q7 ⑤いずれも正しいとはいえない。

そもそも良い企業とは何かの議論が必要かもしれないが、ここではあえて気にせず一般論として考えてほしい。
①については、ムダな資産を持っていても意味がないどころか、維持費がかかってむしろマイナスとなる。また、資産を支える負債の存在も合わせて考える必要がある。
②については、企業の安定性の観点からは少ないほうが望ましいといえる。しかし、負債によって資金調達をすることで、規模の大きなビジネスを可能にする、新しいビジネスにスピーディに参入できるといったメリットもある。また、負債をてこ（レバレッジ）にして、株主利益の向上を図ることもでき、単に少なければ良いというものではない。
③については、現金を持っていれば、支払い能力も高く、スピーディな経営も可能となる。しかし、企業の中に現金を寝かせておくのは、効率的な資金運用を目指すべき企業にとってはマイナスで、株主の期待や経済社会での役割を果たしていないことにもなりうる。企業は常にお金の投資先を探して儲け続けなくてはならない存在なのである。それが、企業をM＆Aに走らせる原因になることもある。
④については、売上が大きいことは、悪いことではない。しかし、その分経費もかかってしまっては、利益は大きくならない。利益の最大化が大切なのであって、そのために売上げることが必要となるのである。

★章末ドリルの答え

Q1 A社

A社は、営業利益が出ているが、営業外費用の影響で赤字となっている。そのため、負債を返済し、利息の支払いがなくなれば、黒字になる可能性がある。なお、A社は株式会社丸善の平成18年1月期の金額を参考に、B社は株式会社不二家の平成18年3月期の金額を参考に作成。

Q2 A．売上原価　B．販売費及び一般管理費　D．特別損失

一般的に従業員の給与は販売費及び一般管理費に計上される。そのため、リストラが断行されれば、その後販売費及び一般管理費が削減されることになる。なお、製品の製造にかかわっている従業員の給与は売上原価に集計される可能性があるため、影響する可能性がある。また、リストラによる多額の退職金が発生した場合、特別損失として計上される可能性がある。特別利益や特別損失は、企業に生じた大きなイベントを推測するための注目ポイントだ！

Q3 C．財務活動によるキャッシュフロー

営業活動によるキャッシュフローは、商品の売買など本業のビジネスの収支のこと。投資活動によるキャッシュフローは、設備投資と余剰資金の運用に関する収支のこと。財務活動によるキャッシュフローは、資金調達に関する収支のこと。借入元本の返済は財務活動によるキャッシュフローに計上される。

Q4 ②増収減益

昨年度と比較して売上高が増加することを「増収」、減少することを「減収」という。また、営業利益や経常利益が増加することを「増益」、減少することを「減益」という。C社は、売上高は昨年度と比較して増加しているため「増収」であるが、営業利益は減少しているため、一般的には「減益」となる。なお、C社は、雪印乳業株式会社の平成19年3月期、平成20年3月期の金額を参考に作成。

COLUMN 1

敵対的買収って何？

M＆Aというと、日本では、良い印象を持っている人は少ないのではないでしょうか？

実際、国内で報道されるM＆Aの多くは、敵対的買収にまつわる攻防戦ばかりです。実際には、三越と伊勢丹の合併も、東京銀行と三菱銀行の合併（ちょっと古いですか？）も、Merger（合併）＆Acquisition（買収）のはずなのに…。「企業の合併」と「M＆A」が異なるものとして扱われているようにさえ思えてきます。

ちなみに「合併」とは2つ以上の企業が1つになること。「買収」は、他社の株や営業（特定の部門など）を買うこと。また、近年では株式移転や株式交換など、さまざまな法的手段があります。

ところで、敵対的買収として記憶に新しいのは「スティールパートナーズVｓブルドックソース」でしょうか？　スティールパートナーズに対する買収防衛策として、ブルドックソースが新株予約権を発行しましたが、裁判でもそれが合法であると認められました。「これを合法と認めて良いのか？」という議論はあるようですけれどね。

ここで注意しなければいけないのは、敵対的買収といっても、しかけた側は、現在の経営陣を追い出そうとか、企業を一変しようとか、意図しているとは限りません。あくまでも、買収をしかけた側と経営者側の話し合いで仲良くまとまらなかった場合を「敵対的」と称しているだけのことです。

もちろん、経営者を選任するのは株主ですから、買収された結果として何が起こるのか、すべてを予測することはできません。そう考えると、簡単に受け入れるわけにもいかないでしょう。

特に、投資ファンドがしかけてくるM＆Aの大部分は「どういう意図で買収するのか？」という点を経営者側は理解しにくいようです。そうなると、よくわからない人には株主になってほしくないという思いから対立してしまい「投資ファンドVｓ経営者側」という敵対関係になってしまうのです。

貸借対照表の純資産の部は株主の持ち分の目安だと言えますが、それは単に財産面だけを意味しているのではありません。純資産の部は、株主が存在していることを意味しているのです。

会社は誰のものか、という問いに対し「株主のものだ」という答えを唯一とするような議論はナンセンスだと思いますが、株主のものであることは1つの事実です。株主は原則として1株につき、株主総会における1議決権を持っていますからね。そして、それは「株主総会における議決権」という名の経営権なのですから。

いずれにしてもM＆Aは1つの経営手法。使い方によっては、企業を再生させたり、存続させたりするための有効な手段となりますから、日本においてもうまく利用すると良いのではないでしょうか？

2日目

なぜ、赤字企業の株価が上がるのか？

～株式投資の謎を解く！～

◉インサイダー情報？

「ところで、平林先生は株式投資ってなさるんですか？」

月次決算に関する定例ミーティングを終えると、ホワイトボードを消す私の背中に向かって、丸山社長が突然言った。

「えっ？」

驚いて振り返ると、丸山社長も少し驚いた表情を見せた。私は**「株式投資」という言葉が社長の口から飛び出したことに、少し違和感を覚えていた。**

丸山社長はスーパーの経営者だ。新しい店舗一つを出すのにも、さまざまな角度から熟考を重ねる慎重派。ビジネスのことを熟知していて、お金儲けも嫌いではない。

しかしそれはあくまでも、スーパーの経営に力を注いでいるのであって、お金儲けそのものに執着しているわけではないと思っていた。だからこそ、違和感を覚えたのだ…。

「急にどうしたんですか？　丸山社長が株式投資だなんて」

「いやあ、実は昨夜、社長仲間との懇親会があったんですよ。そこで、株式投資の話が出ましてね。私自身は、株式投資に興味があるわけじゃないんですが…」

社長が言うには、こういうことらしい。懇親会の席で、仲間の1人である黒岩社長の羽振りが良さそうなことに気づいて、みんなでその理由を尋ねたところ、株式投資で儲かったと話し始めたというのだ。そして最後に、彼は**ヒソヒソと「ある銘柄」を勧めてくれた**というのである。

「銘柄まで聞いてしまったので、どうしても気になってしまいましてね。**絶対に値上がりする**と豪語するもんだから、そこまで言うのならと思ってね…」

絶対に値上がりする？　はっきり言って、そんな株はこの世に1つもない。

「インサイダー情報でもつかんだんじゃないですか？」

私は冗談交じりに言いながら、お酒の席での勢いだろうと自分に言い聞かせた。しかし、それほど強く勧めてくれる株っていったい何だろう？　テーブルにひじをつき、社長に向かって身を乗り出すと、ヒソヒソと尋ねてみた。

「それで、その銘柄というのは、何なんですか？」

「内緒ですよ。実は、豊洲工業なんです…」

「豊洲工業？」

私は何かの間違いなのではないかと思った。私の記憶では、豊洲工業はここ数年で業績が悪化し、つい先日の決算で**赤字に転落**したはずだった。一般的に考えて、株価が上がる企業ではない。そんな私の心を見抜いてか、社長が口を開いた。

「やっぱり変ですよね？　豊洲工業は、業績が悪化する一方で、今年は赤字決算だったのに…。でも、彼は株価が上がるっていうんですよ。なぜでしょうね？」

もしかして本当に、黒岩社長はインサイダー情報でもつかんだのだろうか？

●損益計算書で赤字か、黒字かが分かる！

私は丸山社長と一緒に、豊洲工業の決算書をダウンロードしてみることにした。

上場企業の決算書は、企業のウェブサイトの「IR情報」や「EDINET」という東京証券取引所のウェブ上のサービスで、簡単に手に入る。便利な時代になったなと、私は会計士になってから、たかだか10年の歴史を振り返って思った。

ドリル1 Q

豊洲工業の損益計算書です。空欄ABCを自分で計算してみましょう。

（答えは60ページ）

豊洲工業の損益計算書

（単位：百万円）

売上高	1,200,000
売上原価	1,100,000
売上総利益	100,000
販売費及び一般管理費	130,000
営業利益	A
営業外収益	11,000
営業外費用	14,000
経常利益	B
特別利益	50,000
特別損失	25,000
当期純利益	C

ドリル1
A 正解はA．▲30，000、B．▲33，000、C．▲8，000

豊洲工業はやはり赤字だった。老舗企業だから、今年の赤字くらいではビクともしないだろう。しかしこの状態が続けば、80年の歴史にピリオドを打つことだってありうる。

「黒岩社長が、絶対上がるといった根拠は何だったんでしょうか？　丸山社長は、その理由をお聞きにならなかったのですか？」

丸山社長は少し考えたあと、「そういえば…」と切り出した。

「今は●●なんだよと言っていたような気がします。だから絶対に上がるのだと…」

「●●？」

私は、目の前がパッと明るくなり、なんとなく答えが見えたような気がした。一方、丸山社長はまったく納得できていない様子だ。私はヒントを出すことにした。

「丸山社長。以前、社長の会社の株価の算定をしたのを覚えていますか？」

「ええ。相続の準備として、平林先生の勧めで計算しましたよね。簡易的にですけれど」

「上場企業は**取引所での株価**がありますが、社長の会社ＳＡＫＡＥＹＡは上場していませんので…」

「そうでしたよね。**上場していない場合、株価は計算しないと分からない。**そこで、**貸借対照表を使って、株の価値を算定した**のを覚えています」

「そうです。上場していない場合には、通常、会社の価値を算定して、それを株価とします。会社の価値は、貸借対照表を使って測ることができる」

そこまで説明して、私は丸山に質問をした。

「だから、社長。上場している会社でも、同様の方法で価値を測ることができますよね？その価値と、取引所の株価とを比較すれば…」

「そうか！　●●かどうかが分かるわけですね！」

ドリル2 Q

●●には、株を買う際の重要な指針になる言葉が入ります。●●に入る言葉を次の中から選んでみましょう（答えは62ページ）。

A. 高値　B. 割安
C. 割高　D. 安値

ドリル2 **A** **正解はB．割安**

「そうか、割安か！」

丸山社長は納得した様子で言った。

「私のスーパーでも同じことが言えますね。本当は50円の価値のあるものを、40円で売ったら、お客様にとっては割安だということになる」

「まさにそういうことです。それを株に置き換えてみればいいんですよ。**本当はもっと価値のある株が、その価値以下の値段で売られている。**だから、**お買い得**なんです」

そこまで話したところで、真由がコーヒーを持ってきてくれた。

「ずいぶん盛り上がっていますね。何の話をされているんですか？」

「定例ミーティングは終わったのだけれど、ちょっと違う話で盛り上がってしまってね。どうだい？　白石さんも話に加わらないかい？」

そう言うと、丸山社長は真由に席を勧めてくれた。私は真由がこれまでの話を理解できるように、ホワイトボードに内容をまとめた。

豊洲工業について

豊洲工業…老舗の総合建設業

業績…近年悪化中

損益計算書…見事な赤字

割安…会社の価値＞株価

◉会社の価値は、貸借対照表で分かる！

もうすぐドリル

「業績は悪くても、割安だから株価が上がると聞いたので、平林先生とその謎を解こうとしていたんです。会社の価値より株価が安いのではないかと話していたところですよ」

丸山社長が真由に説明をした。すると真由は、目をくりくりさせながら質問した。

「へえ。ところで会社の価値って、どうやって計算するんですか？」

私が答えようとすると、丸山社長が先に声を出した

「**貸借対照表の●●が、会社の価値**なんですよ」

「●●がですか？」

首をかしげる真由のために、私は少しヒントを与えることにした。

「真由は、クレジットカードは使うわよね？」

真由はコクンとうなずいた。

「カードの明細を見ると、こんな風に思ったりしない？　預金通帳には、残高50万円と書かれているけれど、カードの引き落としが10万円あるから、本当は40万円しか持っていないんだわ～って」

「思います～。実はちょうど、今日、カードの明細が届いたんです。預金残高が減ってしまうって落ち込んでいたところなんですよ」

ここまで理解してもらったところで、私は真由に質問した。

「じゃあ、質問ね。預金の50万円、カード引き落とし予定額の10万円、差額の40万円。貸借対照表にするとそれぞれ、どれに当たる？」

「ええと…」

ドリル3 Q

①預金の50万円、②カード引き落とし予定額の10万円、③差額の40万円がそれぞれどれに当たるかを、A～Cの中から選んでみましょう。また、64ページの●●に入る言葉を、A～Cの中から選びましょう（答えは66ページ）。

貸借対照表

A 資産	B 負債
	C 純資産

ドリル3 A

正解は①預金の50万円＝A．資産　②カード引き落とし予定額の10万円＝B．負債　③差額の40万円＝C．純資産　●●に入る言葉＝C．純資産

「ええと、預金50万円が資産、カードの引き落とし予定額10万円が負債、差額の40万円が純資産ですね」

「正解。会社も同じよ。財産がある一方で、これから支払わなければならない借金がある。全部チャラにしようと考えると、**差額の純資産だけが会社に残る**と考えられるわけなの」

私は説明を続けた。

「そして、会社に残ったものは、最終的には**株主に還元**される。つまり株主は、最終的には純資産分のお金を手にできる可能性があるから、**純資産は株主にとっての会社の価値であると**考えることができるのよ」

もうすぐドリル

「還元される純資産よりも株価が安ければ、お得ですよね！」

もちろん会社の価値を計算する方法はほかにもあるけれどね、と私は付け加えた。

「株価と比較するために、豊洲工業の**1株当たりの純資産**の計算してみましょうか？」

ドリル4

Q

豊洲工業の貸借対照表から、1株当たりの純資産を計算してみましょう。

（答えは68ページ）

豊洲工業の貸借対照表

（単位：百万円）

資産	負債・純資産
資産 1,000,000	負債 800,000
	純資産 200,000

※豊洲工業は1億株を発行している。

ドリル4 A

正解は**2，000円**（純資産2，000億円÷1億株）

「ええと、200，000百万円は…？　いくらだっけ？」

「白石さん。200，000百万円は、2，000億円ですよ。純資産が2，000億円ですから、それを1億株で割ると…」

苦戦する真由に、丸山社長が見るに見かねて助け舟を出した。

「分かりました！　1株当たりの純資産は2，000円ですね！　平林先生、これを株価と比較してみればいいんですよね！」

「その通り！　ちなみに、**株価と1株当たり純資産を比較した指標**をPBRっていうのよ。この際だから覚えておきましょうね」

◉いまだ残る謎。なぜ、豊洲工業は買いなのか？

「あれ～？　おかしいな…」

私たちはため息をついた。なぜなら、豊洲工業の今日の終値が2，200円だからだ。

1株当たり純資産と株価を比較してみたが、皮肉にも**株価のほうが高い。割安とは言えない**状況だった。

これで答えが出ると思い込んでいただけに、全員脱力感に包まれてしまった。私達はとりあえず豊洲工業株による一攫千金ドリームをあきらめ、これで打ち切ることにした。

「社長、今月も良い業績で何よりでした。来月もよろしくお願いします」

丸山社長が帰ったあとも、私は一人考え込んでいた。何か、見落としていることがあるのでは…？

そんな迷路の突破口を切り開いたのは、雑誌を整理していた真由の一言だった。

「臨海ランド特集か～。これ、最近できたんですよね。私も一度、行ってみたいな～」

「臨海ランドね～。今度、気晴らしに行ってみようか？」

「本当ですか！　そういえば先生。豊洲工業って、たしかこのエリアにあるんですよね？この住所って今、お金持ちの若い女性に人気のエリアで、高級マンションがたくさんできているみたいですよ」

豊洲工業の住所が良い場所？　だって、あそこはもともと埋立地だったはず…。　そうか、土地か！　私は、ようやく謎が解けた気がした。

◉土地の値段と株価の関係とは？

「そうか！」

突然、大きな声を出した私に真由はビックリしている。私は続けた。

「土地よ！　いい土地って、高いでしょ？　たしか豊洲工業の土地って、昔は殺風景な工業地帯だったよね？」

「そうです」

「でも、今はちょっとトレンディでしょ？　だから、土地の値段が上がっているのよ。さて問題だけど、貸借対照表の土地の金額って購入時の金額と時価、どちらで計上される？」

「ええと、**土地は減価償却もない**し…」

ドリル5　Q

貸借対照表の土地の金額は、どちらで計上されるでしょうか？　（答えは72ページ）

A．購入時の金額（取得原価）　B．時価

ドリル5 A

正解はA. 購入時の金額（取得原価）

「ええと、土地は減価償却もないし、購入時の金額ですよね」

「そう。著しい価値の下落がなければ、**土地は原則として取得原価で計上されている**」

そこまで説明すると、真由はポンと手を叩いた。

「あっ、なるほど！　分かりました！　豊洲工業の場合も、**貸借対照表の土地を時価に直してみないと、本当の価値は分からない**ということですね？」

「そうそう、冴えてるじゃない！　豊洲工業は老舗だから、もしかすると何十年も前に購入した土地が、取得原価のまま計上されているかも…。すごい**含み益**があるはずよ」

私は真由に指示を出し、土地の時価を計算してもらった。

「さあ、それじゃあ、時価に直した貸借対照表で、1株当たり純資産を計算してみましょう」

ドリル6
Q

豊洲工業の貸借対照表を時価に直して、1株当たりの純資産を計算してみましょう。資産を時価に直すと、1，200，000百万円になります。

（答えは74ページ）

豊洲工業の貸借対照表

（単位：百万円）

資産 1,000,000	負債 800,000
	純資産 200,000

※資産を時価に直すと、
1,200,000百万円になる。

※豊洲工業は1億株を発行している。

ドリル6 A

正解は4，000円（純資産4，000億円÷1億株）

4，000円。私たちは、計算結果を見て抱き合った。株価を大きく上回っている。だから、黒岩社長はこの株を割安だと判断したのだろう。もちろん、ほかにも割安の理由はありうるけれど、1つの答えを見つけることができた。

時計の針は午後9時を回っていたが、私たちはすっきりとした気持ちで家路についた。

◉株価上昇の秘密

翌朝、私は真由に、丸山社長に昨夜の件を報告するよう頼んだ。私が報告しても良いのだが、丸山社長も真由から連絡がくるほうが朝から元気が出るだろうと思ったのである。女性の私も、真由の笑顔にいつも励まされている。ましてや年配の男性なら…。

「平林先生、丸山社長がお話なさりたいそうです」

ぼーっとしていた私に、真由は受話器を差し出した。受話器の向こうから、丸山社長のうれしそうな声が聞こえてくる。

「いやぁ、割安の謎を解いてくれて、すっきりしました。ところで、相談なんですが、謎も解けたことですし、私は豊洲工業の株を買おうと考えています。株価も上がるでしょうから…」

ドリル7
Q

含み益のある豊洲工業の株価は、これからどうなるでしょうか？ 次の中から選んでみましょう（答えは76ページ）。

A. 含み益があるから、必ず株価は上がる

B. 含み益があるとはいえ、赤字だから、株価は下がる

C. どちらともいえない

ドリル7 A

正解はC．どちらともいえない

私は、丸山社長への返答に少し戸惑った。

確かに計算上、株価は割安だ。しかし、株価は理論的に変動するわけではない。**市場での需要と供給によって左右される**ものなのだ。私は丸山社長に説明した。

「社長。その割安判断は、あくまでも含み益によっているだけですよ。豊洲工業が、この**土地を持っている限り、その含み益は、いつまでたっても現実の儲けとはならない**でしょう？　そうなれば、企業の業績には何の関係もありません」

「確かにそうですね」

「だから、それが株価に反映されるかどうかは賭けです。それでも、購入されるということであれば、反対はしませんが…」

豊洲工業は、含み益のある土地をいくつか所有している。だが、すでに工場が建っているものがほとんどだった。土地の時価が上がるだけでは、豊洲工業の業績に反映されることはない。

もちろん、それでも株価が上昇するケースは多々ある。**株価は人気投票的な側面を持っている。**含み益という夢にかける人が多くなれば、株価は上昇していくからだ。

私は冗談半分に言った。

「あの土地を売る、という情報でもあれば、購入するのも良いかもしれません。でも、そんな情報を事前に入手していたら、それこそインサイダー取引ですからね。犯罪で逮捕されてしまいますよ」

「いや、逮捕か〜。そこまでして、株を買う必要はないからなあ。今回は見合わせようかな」

「お互いのビジネスを大切にしましょう」

私はそう付け加えて、電話を切った。

◉インサイダー取引発生！

あれから数週間後。豊洲工業は含み益を抱えていた土地を次々と売却すると発表し、株価はうなぎ上りになった。

「平林先生〜。豊洲工業、株価が上がってますね。買っておけばよかったなあ」

事務所のミーティングルームで、丸山社長はおどけながら言った。

「そう言わないでくださいよ〜」

「しょうがない。今日のランチで許してあげましょう」

丸山は、意地悪っぽく笑ってくれた。

そのときだった。ミーティングルームのドアが騒々しく開いたかと思うと、青ざめた顔をして、真由がミーティングルームに飛び込んできた。

「た、大変です」

私と丸山社長は何事かと思い、あわてて真由の顔を見た。

「と、豊洲工業の土地売却の情報が、あの、その情報が事前に漏れていて…」

そこまで聞いて、私は「まさか！」と思った。丸山社長も同じことを思ったようだった。

私たちはミーティングルームのテレビをつけ、ニュース速報に目をやった。テレビのリポーターが騒々しくしゃべっている姿が映った。

「あのビルは黒岩産業だ…」

丸山社長は冷静な声でそう言った。私と同様、すべてを悟っていたのだ。

黒岩産業のビルから出てきた黒岩社長は、インサイダー取引容疑で逮捕された。そう、黒岩社長は、あのときから土地売却の事実を知っていたのだ。

「聞いちゃったり、買っちゃったりしなくて良かったよ。それにしても、黒岩さんは、なぜ…。お金は人の心を狂わせてしまうものなのかな？」

丸山社長は、ちょっとさびしそうにつぶやいた。仲の良かった黒岩社長がこのようなことになって、複雑な思いがあったのだろう。

私たちは、しばらく黙ってテレビを見つめていたが、私は気持ちを入れ替えて、沈黙を破った。

「丸山社長。今月の月次決算ミーティングを始めましょうか」

「そうですね…」

そう言うと、丸山社長は背筋を正し、しゃんと座って私を見た。真由がミーティングルームを出るのを待って、私はいつもの業績報告からはじめた。

「えー、ＳＡＫＡＥＹＡは相変わらず好調で、売上高は…」

Q4 計算式として誤っているのはどれでしょうか？

A.資産＝負債＋純資産　　B.資産－負債＝総資産
C.収益－費用＝利益（または損失）

Q5 企業がどれくらいの土地を所有しているかは、どの決算書を見れば分かるでしょうか？

A.貸借対照表　　B.損益計算書　　C.キャッシュフロー計算書

Q6 次のC社の損益計算書について分析した文章のうち、誤っているものを選びましょう。

C社の損益計算書　（単位:百万円）

売上高	35,000
売上原価	31,000
売上総利益	4,000
販売費及び一般管理費	3,500
営業利益	500
営業外収益	500
営業外費用	300
経常利益	700
特別利益	80
特別損失	1,230
当期純利益	▲450

①C社は最終的に赤字である。
②C社の赤字の一番の原因は、営業外費用、おそらく金利負担の重さが原因である。
③C社の赤字を引き起こしている原因は、特別損失にあり、ビジネス自体は黒字である。

Q7 下記のうち、株主の権利でないものはどれでしょうか？
（注：本文で説明された内容ではありません）

A.株主総会での議決権　　B.利益を配当するよう請求する権利
C.企業の合併に関する決議に参加する権利
D.企業から出資を返してもらう権利

●章末ドリル（答えはP82～P83）

Q1 投資するならA社とB社、どちらの会社が望ましいでしょうか？

A社のキャッシュフロー計算書（単位：百万円）

営業活動によるキャッシュフロー	6,300
投資活動によるキャッシュフロー	▲3,100
財務活動によるキャッシュフロー	▲4,100

B社のキャッシュフロー計算書（単位：百万円）

営業活動によるキャッシュフロー	▲4,100
投資活動によるキャッシュフロー	▲3,100
財務活動によるキャッシュフロー	6,300

Q2 企業価値が高いのはどちらでしょうか？

A社の貸借対照表（単位：百万円）

資産の部合計	10,000	負債の部合計	1,000
		純資産の部合計	9,000

B社の貸借対照表（単位：百万円）

資産の部合計	10,000	負債の部合計	9,000
		純資産の部合計	1,000

Q3 一般的に、安定した企業活動ができるのはどちらでしょうか？

A社の貸借対照表（単位：百万円）

資産の部合計	10,000	負債の部合計	1,000
		純資産の部合計	9,000

B社の貸借対照表（単位：百万円）

資産の部合計	10,000	負債の部合計	9,000
		純資産の部合計	1,000

Q5 A．貸借対照表

貸借対照表の資産の部には、企業が所有している財産が一覧になっている。また、有価証券報告書などで調べれば、どこにどのような土地を持っているかなども分かる。価値ある土地を持っている企業であれば、隠れ割安株を探し出せる可能性があるかも!?

Q6 ②が誤り

C社は営業利益、経常利益が出ており、通常の経営の範囲では黒字であることが分かる。しかし、最終的には当期純利益がマイナスとなっており、赤字であると言える。経常利益が出ていることから、金利負担が赤字の一番の原因であるとは考えにくい。むしろ、多額に計上された特別損失に原因を見出すことができそうだ。ちなみに、これは、ある企業の決算書を参考に作成したものであるが、特別損失として多額の「早期退職制度関連費用」が計上されていた。大規模なリストラが行われ、そのための一時的なコストが特別損失に計上され、最終的な赤字を引き起こしたと考えられる。このように内容を分析できれば、来年度の予想が立てやすく、一時的な赤字に引っ張られて株価が下がった場合などには、回復を見込んで投資をするといった判断にもつなげられる。

Q7 D．企業から出資を返してもらう権利

株主は、株主総会での議決権、利益を配当してもらう権利、残余財産（会社を清算した際、企業の手元に残った財産）を分配してもらう権利、企業の重要な事項について決定する権利を有している。株主が決定できる企業の重要な事項の中には、企業の合併も含まれている。なお、株式会社に出資したお金は原則として返金することはできない。そのため株主は、株を譲渡（売却）することによって投資資金を回収するしかない。

★章末ドリルの答え

Q1 A社

営業活動によるキャッシュフローがマイナスの企業への投資はお勧めできない。特にＢ社は、営業活動、つまり本業での収支がマイナス（お金の持ち出し）になっている穴埋めを財務活動、つまり借金によって賄っている可能性があり、望ましい状態とはいえない。ちなみにＢ社は株式会社NOVAの平成18年３月期の金額を参考に作成。Ａ社は、Ｂ社の営業活動と財務活動の金額を入れ替えてアレンジしたもの。

Q2 A社、もしくは不明

企業価値の測定方法はいろいろあるが、純資産の金額は一つの目安となる。一般的には純資産の額が大きい企業が価値の高い企業と考えられるが、貸借対照表の資産は原則として取得原価で計上されているため、時価を考慮した場合、異なる結果が出てくる可能性もある。なお、Ａ社は株式会社ミクシィの平成１９年３月期の金額を参考に作成。Ｂ社はＡ社の負債と純資産の割合を入れ替えたもの。

Q3 A社

安定している企業とは、倒産する可能性が低く継続的な経営ができる企業を意味している。

企業は、一般的に負債の返済ができなくなったときに倒産するため、負債がなければ倒産の危険性は低くなる。すなわち純資産の割合が高ければ安定した企業となる。なお、純資産／資産＝自己資本比率といい、一般的には自己資本比率が高いほど、企業の安定性が高いといえる。

Q4 Bが誤り

「資産－負債＝純資産」である。貸借対照表の左側の資産は「資産」または「総資産」とも表現される。資産、総資産、純資産という言葉に注意しよう！

COLUMN2

サブプライムローン問題って何？

株式は、企業に対する権利を証券にしたものですが、近年、何でもかんでも証券にする動きがあります。

例えば、不動産の証券化。不動産の持ち分を証券にし、流通させてしまうのが不動産の証券化です。

通常は、もともと不動産を持っていた企業などが、SPCといわれる特別な企業にその不動産を売却。企業はSPCに家賃を支払うことになります。一方SPCは、その不動産に関する持ち分を証券にして、投資家にばらまくというわけです。

企業にとっては、不動産の売却によって得たキャッシュを負債の返済に充て、貸借対照表のスリム化を図ったり、自己資本比率を上げたりできます。

一方、投資家は、その証券の値上がりで儲けることもあれば、SPCが得る家賃収入を配当として受け取ることもできるというわけです。

このしくみは、今やありとあらゆる資産に応用されています。

「サブプライムローン問題」が社会全体に影響を及ぼす結果となったのも、証券化によって広範囲に流通してしまったことが１つの原因であると考えられます。

かなり大雑把な説明になりますが、そもそもは金融機関が住宅取得用資金を貸し付け、その利息と元本返済に関する権利を証券化し、流通させましたが、返済が滞ったため、流通していた証券に打撃を与えたというわけです。

そして気をつけなければいけないのは、こうしたいろいろな証券をセットにして運用しているファンドなどがあるということ。つまり、どこかの国で生じた経済問題が、あっという間に全世界に広がってしまう可能性があるということです。

日本経済は、好むと好まざるとにかかわらず、世界に開かれてしまっていますから、私たちも世界に目を向けないわけにはいきません。世界中のお金や資産がどこかですべてつながっているといっても過言ではないのです。

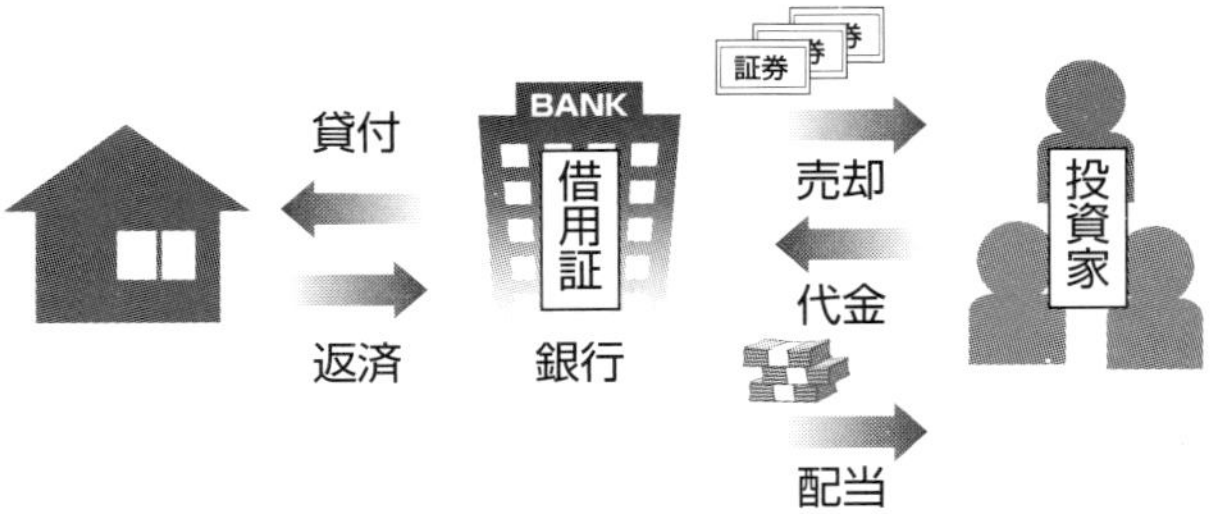

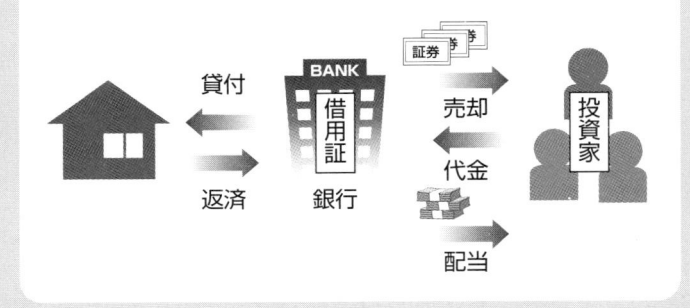

3日目

なぜ、赤字でも会社は倒産しないのか？

～赤字企業の謎を解く！～

◉初めての赤字決算

「これはどういうことなのかね？　赤字になるなんて、聞いていないぞ！　小谷君！」

郷田社長の低い声が響き渡り、会議室はものすごい緊張感に包まれた。

株式会社ＧＯＤＡは、郷田社長が一代で築いたＩＴ機器商社だ。郷田商店としてスタートしたが、どんどん規模を拡大し、株式会社となり、今に至っている。

今日は、ＧＯＤＡの決算に関する取締役会だ。小谷経理部長が今期の決算書について説明したとき、郷田社長の厳しいひと言が飛んだ。実はＧＯＤＡは、株式会社となって５年目にして、初めての赤字決算を迎えたのだ。

「私の実感では、今期もこれまでと大きな違いはない！　実際、**売上だって増えているのに！　何で赤字なんだ？**」

小谷部長は、私に向かってしきりに「平林先生、助けて！」というサインを送っている。私は、そんな小谷部長の様子を察知して、代わりに説明をしようとした。

「あの、ですね、社長…」

「私は小谷君に聞いているんだ！」

郷田社長の声はさらに大きくなった。他の役員たちの力も借りて、なんとか社長の怒りを静めると、私は決算に至るまでの小谷部長とのやり取りを、社長に説明した。

３ヶ月ほど前。私は小谷部長と、今期の決算整理を進めていた。

「小谷さん、今年は**商品評価損**を計上しましょう」

「しょ、商品評価損、ですか？」

商品は何年も売れ残れば、その価値が下がる。ましてや、商品ライフサイクルの短いＩＴ業界だ。数年間で、多くの商品が陳腐化してしまう。

商品は仕入れ時に●●で貸借対照表に記載される。しかし商品の価値が下がり、●●を下回るようなことがあれば、その分だけ金額を切り下げるのが原則だ。

もうすぐドリル

ドリル1 Q

●●にあてはまる言葉を、次の中から選びましょう（答えは88ページ）。

A．販売予定価格　B．好きな金額　C．取得原価　D．時価

ドリル1
A 正解はＣ．取得原価

「おそらく、**取得原価＞時価**のものが多々ありますよね？」

私がそうたずねると、小谷さんはうなずいた。

「確かに…。半分以下の価格になるものもあると思いますけど…」

ＧＯＤＡではこれまで、きちんと商品を評価するゆとりがなかった。しかし、株式会社となって５年。いよいよそういうわけにはいかなくなったと私は判断した。

「具体的にいくらくらいの評価損が計上されるのでしょう？」

「ざっと計算したところ、現在の在庫６億円に対して、２億５，０００万円くらい…」

「２オク５センマンエン⁉」

「ここ１、２年で仕入れた在庫は、まだそれほど価値の下落はないと思います。ですが、４、５年前の在庫となると…。販売の可能性も見直さなければならないかもしれません」

小谷部長は２億５，０００万円という金額に衝撃を受けたようで、呆然としている。

「商品評価損を計上する前の利益って、いくらでしたっけ？」

「約2億ですね」

「と、ということは赤字になるじゃないですか！　会社がつぶれてしまったら…」

「赤字で倒産してしまうのですか⁉」

困った笑顔を浮かべる小谷部長の言葉を聞いて、お茶を運んできた真由が驚いてそう言った。**倒産**という話が出たので、いい機会だと思い、私は真由に質問してみた。

「ちょうど良かった。ねえ、真由。会社って、どうなったら倒産すると思う？」

「それは…」

もうすぐドリル

ドリル2 Q

一般的に、会社はどうなったら、倒産ということになるでしょうか？　次の中から選びましょう（答えは90ページ）。複数回答可。

A. 赤字になったとき　B. 法律で定められた「倒産」の要件に引っかかったとき

C. 会社が抱えるさまざまな債務の支払いをできなくなったとき

D. 会社更生法などの適用を受けたとき

ドリル2
A
正解はC、D

◉会社が倒産するということ

「それは、何か法律の要件に引っかかったら、倒産なのではないですか？」

「実はね、真由。**倒産は法律用語でもなければ、明確な定義もない**のよ。**会社の経営を続けられなくなった状態を総称して、倒産**というの。一般的には、会社が抱えるさまざまな債務を弁済できなくなったとき、倒産したというのよ」

私の言葉に、小谷部長が付け加えた。

「もうどうやってもお金の支払いができないという時をもって、倒産。最終的には、破産や会社更生法などの適用を受けることで倒産、ということになるかもしれないけれど…」

「つまり赤字と倒産はすぐに結びつくわけじゃないの。逆に**黒字でも倒産することがある**のよ」

私のその言葉に真由が首をかしげたので私はさらに説明を加えた。

「**赤字というのは、あくまで、1年間の取引を集計した結果**なの。だからそれだけで倒産はしない。例えば、私たちだって、一時的に給料を上回る出費があっても、それで突然、破産ということにはならないわよね？」

「はい。それで破産になっていたら、私なんか何度破産したことか…」

「でも、実際には、何も問題なく生活できている。それはどうして？」

「それは、預金もありますし、いざとなったらカードもあるから」

　そこまで理解させたうえで、私は説明を続けた。

「企業も同じなのよ。もし預金があれば、取り崩して支払いをすることができるし、借金などで資金を調達できれば、支払いをすることができる。**一時的に赤字だったからといって、それですぐに倒産ということにはならない**のよ」

「なるほど！」

　真由は納得した表情で言った。

「つまり、蓄えもなく、借金もできなくて、本当に資金が底をつくとき、倒産といえるわけですね！」

「そう。そのうえ、個人の赤字と、企業の赤字は、ちょっと違うのよ。個人の場合は一般的に、**収入＜支出**。これを赤字というでしょう？」

「はい」

「でもね。企業の赤字は、**収益＜費用**なの。赤字が倒産に直接結びつくわけじゃない秘密が、ここにもあるのよ。株式会社ＧＯＤＡが赤字でも大丈夫な理由を今から説明するわ！」

もうすぐドリル

◉利益とキャッシュの関係とは？

「収益・費用は、収入・支出と似て非なるものなの。例えば、企業の売上が集計されるのは、売上代金が振り込まれたときではなかったわよね？　いつだったかしら？」

「ええと…」

ドリル3 Q

一般的に企業の売上となるのはいつでしょうか？　次の中から選んでみましょう（答えは94ページ）。

A．商品を受注したとき　B．商品を出荷したとき

C．相手が商品を検収したとき　D．売上代金を請求したとき

ドリル3

A 正解はB. 商品を出荷したとき

「ええと、商品を出荷したときですよね」

「そう。企業の売上は、あくまでも商品を出荷したときに集計される」

私は説明を続けた。

「ちなみに、根本的に費用も同じよ。**支出したときではなく、発生したときに費用となる**の。例えば、商品を仕入れたとき。まず商品が企業に届いて、**受け入れ処理をした時点で企業の在庫となり、そのうち実際に売上げたものが費用となる**のよ」

私はホワイトボードに書いて、説明した（95ページ図参照）。

「話は少し逸れるけど、これと同じような考え方をするのが、**固定資産**よ」

もうすぐドリル

ドリル4

Q

次の中で、固定資産はどれですか？　選んでみましょう（答えは96ページ）。

A. 現金　B. 売掛金　C. 借入金　D. 建物

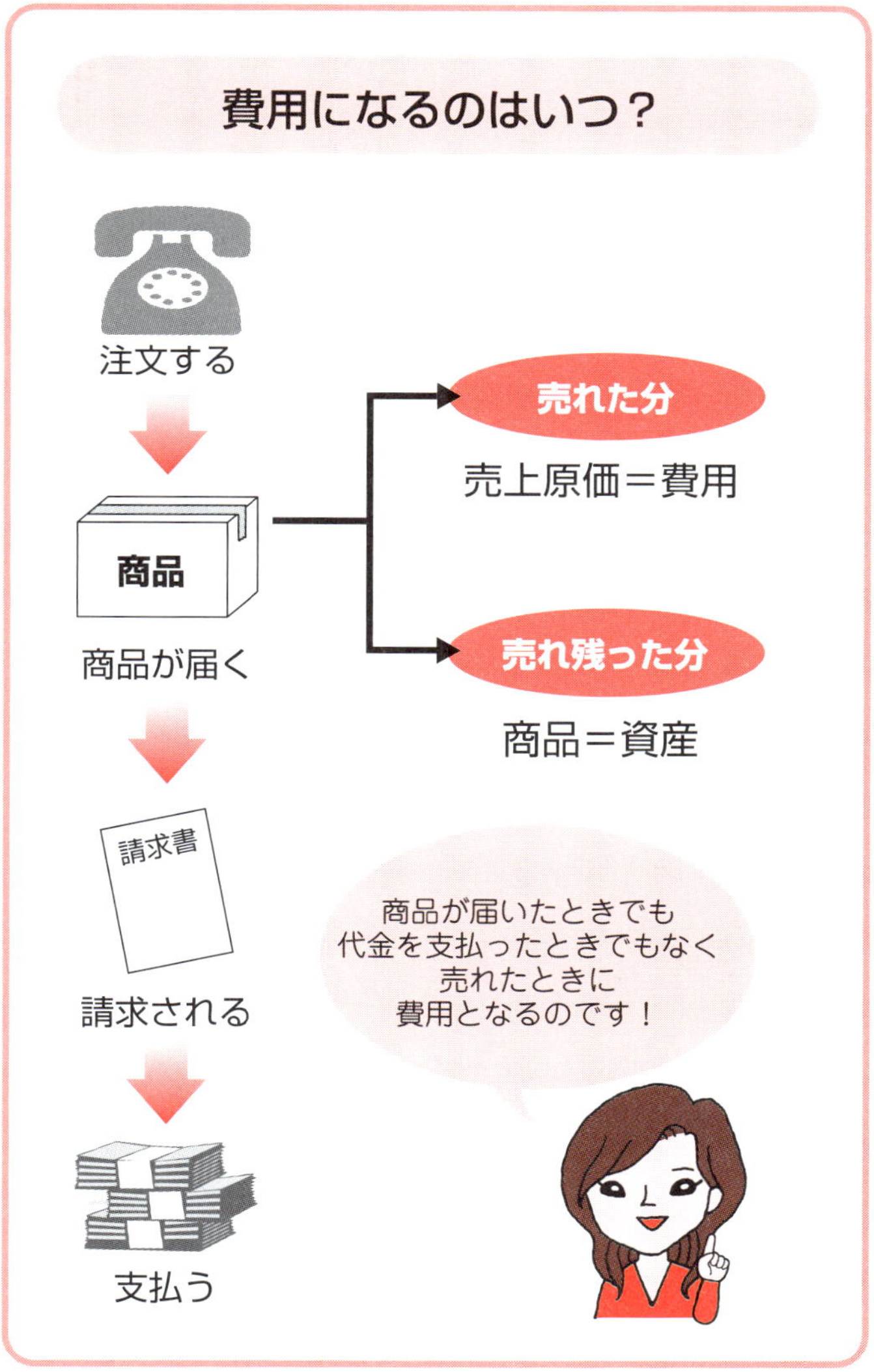

費用になるのはいつ？
注文する
商品
商品が届く
売れた分
売上原価＝費用
売れ残った分
商品＝資産
請求書
請求される
支払う
商品が届いたときでも
代金を支払ったときでもなく
売れたときに
費用となるのです！

ドリル4
A 正解はD．建物（現金、売掛金は流動資産、借入金は負債）

「固定資産は、購入して、**引渡しを受けたところで、貸借対照表の資産となる**でしょう。建物の総額を**1回で費用にすることはできない**から、使った分を徐々に費用に計上するんだけど、この費用を何て言ったっけ？」

「**減価償却費**。ですよね？」

真由の横で、小谷部長もうなずきながら話を聞いている。

「その通り。でも使った分と言っても、商品と違って、**目に見えて何かが減るわけではない**でしょ？　だから、一定期間で使っていくと考えて徐々に費用にしていくのね」

そこまで説明すると、急に真由が立ち上がって言った。

「つまり、話を元に戻すと、**赤字であったとしても、その分、支出があったとは限らない**ということですよね？　だから赤字であっても倒産するとは限らない！」

「そう！　そういうことなんだよ！」

私の代わりに大声で答えたのは、小谷部長だった…。

減価償却のしくみ

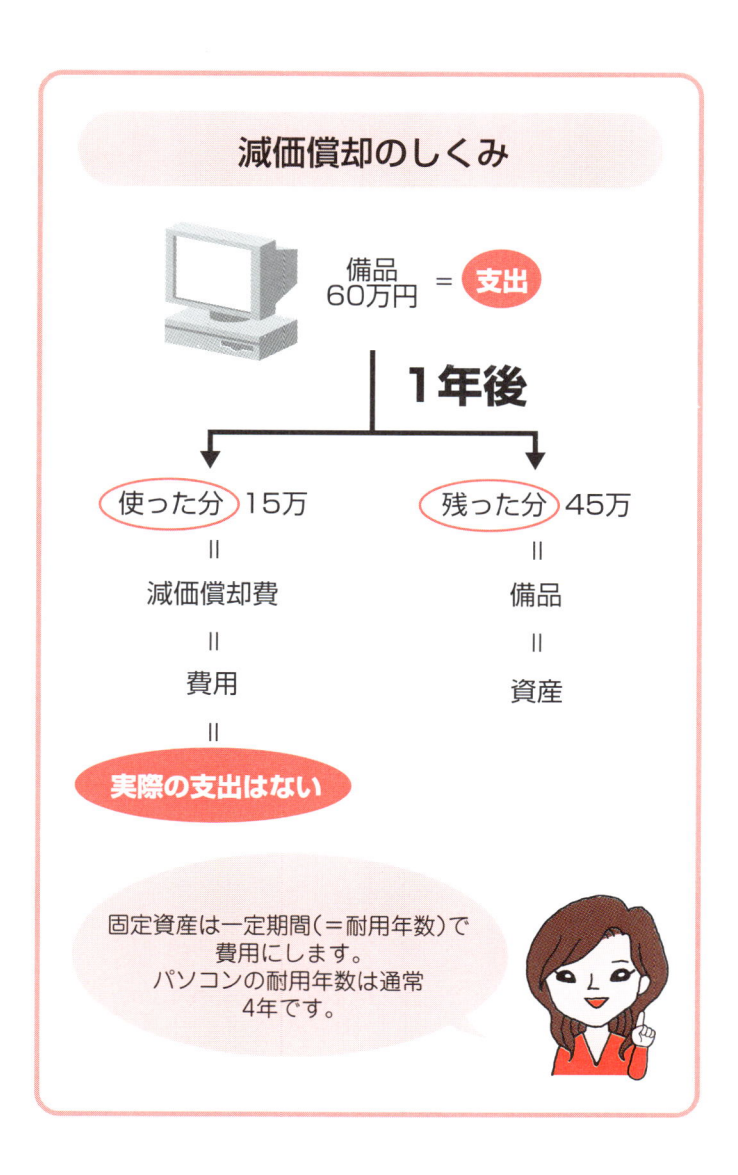

備品
60万円 ＝ **支出**

1年後

使った分 15万	残った分 45万
＝	＝
減価償却費	備品
＝	＝
費用	資産
＝	
実際の支出はない	

固定資産は一定期間（＝耐用年数）で
費用にします。
パソコンの耐用年数は通常
4年です。

「分かりました。だから赤字決算でもつぶれないし、笑顔でいられるんですね」

「今回の赤字の原因は、商品評価損だしね…」

商品評価損は、在庫として貸借対照表に記載されていた金額を下げ、下げた分を損益計算書の費用とすることになる。**商品評価損分の支出が新たに生じるわけではない**のだ。

「損益計算書の利益や損失といっても、その中身にきちんと目を向けないと、企業に対する理解を誤ってしまう可能性があるのよ」

私は最後に付け加えた。

「収支のことをキャッシュとかキャッシュフローというけれど、**利益とキャッシュは異なる**のだということを知らなければダメよ。そうしないと、損益計算書の情報に振り回されてしまうからね」

そこまで、説明すると、小谷さんが、急に不安そうな表情を浮かべた。

「先生…。この件、社長にはどうやって説明したらいいでしょうか?」

「そのままご説明なさればいいじゃないですか。商品評価損は計上すべきものです。今年はこれまでの分をウミとして出すだけで、来年以降は毎年見直せばいいんですから」

私はそう言って、小谷さんを励ました。

疑う銀行員

　後日、結局、小谷部長は社長にきちんと説明できないまま、取締役会を迎えた。黙りこくった小谷部長の代わりに私が説明を加えると、社長は納得して落ち着いてくれた。

「そういうことなら仕方ないなあ。そうならそうと、小谷君が説明してくれればいいだろう」

「申し訳ありません…」

　こうして、最後まで小谷部長が怒られる形で、取締役会が終了した。

　数日後…。これでＧＯＤＡの決算も落ち着いたと思ったのも束の間だった。またも小谷部長からＳＯＳの電話がかかってきたのだ。

「平林先生〜。助けてくださ〜い」

「どうしたんですか？」

　聞くと、決算書を見た銀行から、赤字決算に関する説明を求められたらしい。

「銀行だったら、赤字とキャッシュのこととか、分かってくれるでしょう？」

「そうなんですけど、ここまで巨額なのはなぜかとか、今後は大丈夫なのかとか…。もう、私は混乱してしまって…。社長はまた怒り出し…」

私はすぐに会社に向かう旨を伝え、とりあえず電話を切った。


株式会社ＧＯＤＡに着くと、応接室には郷田社長と小谷部長、そして夕暮銀行の担当者が顔を突き合わせていた。

夕暮銀行は株式会社ＧＯＤＡのメインバンクだ。決算が終わる頃を見計らって、融資枠の拡大という提案を持ってきたらしいが、赤字決算であることに驚いたのだという。

「このままでは融資枠拡大どころか、現在の融資についても考えさせていただかなくてはなりません」

夕暮銀行の担当者は、決算書を眺めて頭を抱えた。私は夕暮銀行の担当者がそこまで困っている状況を理解できず、率直に尋ねてみた。

「ＧＯＤＡは確かに赤字決算です。ですが、融資を考えなおさなければならないような状況ではありませんよね？」

担当者は、私の質問自体に納得がいかないらしい。私は、説明を加えることにした。

「GODAのIT機器卸売業は、今期も間違いなく儲かっています。それは損益計算書の**営業利益**や**経常利益**を見れば分かりますよね？」

私の言葉に、担当者も渋々答えた。

「確かに、営業利益、経常利益が例年以上に計上されていますけれど、**特別損失で一気に赤字になっている**じゃないですか？　これはやはり、GODAが今期の経営に耐えうるだけの十分な儲けを確保できていない証拠といえるのではないですか？」

特別損失は、その名の通り、特別な事情により計上される費用（損失）だ。もちろん、企業には特別な状況はつきものだから、それを上回る利益を出す必要があるともいえる。しかし、企業の業績については、特別損失の内容に目を向けて考えるべきだ。

もうすぐドリル

ドリル5 Q

次のうち、特別損失に該当するものはどれでしょうか？　次の中から選びましょう（答えは102ページ）。複数回答可。

A．リストラに伴う多額の退職金
B．損害賠償金の支払い
C．役員へのボーナス
D．借金の繰上返済

ドリル5

A　正解はA、B（Cは販売費及び一般管理費、Dは負債の減少）

しばらくの沈黙のあと、担当者はこう切り出してきた。

「今回の特別損失は、商品評価損ですよね？　GODAさんのビジネスを考えると、来年以降も生じることが予想されます。**特別と考えていいものか、疑問が残る**んですよ」

担当者は続けた。

「来年以降は**原則として、売上原価に計上される**ことになりますし、そうすれば営業利益や経常利益に影響を与えるということですよね？　今回の決算数値についても、そういった理解ができるかと思うんですが…」

この言葉を聞いて、私はハッとした。銀行側の見解が理解できたのだ。

今後、経常的に発生するであろう商品評価損は、売上原価として集計されることになる。しかし、今回は特別損失としている。実は、**決算書をきれいに見せる**ため、本来「特別」とするべきでないものを「特別」としたり、逆に、本来「特別」とすべきものを「特別」ではなく記載するということは、ない話ではない。

夕暮銀行の言い分

本当は「**売上原価**」とするべきところを「**特別損失**」にして、損益計算書の見栄えを良くしたのでは…

GODA損益計算書

（単位:千円）

Ⅰ売上高	6,000,000
Ⅱ売上原価	4,800,000
売上総利益	1,200,000
Ⅲ販売費及び一般管理費	990,000
営業利益	210,000
Ⅳ営業外収益	10,000
Ⅴ営業外費用	20,000
経常利益	200,000
Ⅵ特別損失(商品評価損)	250,000
税引前当期純利益	▲50,000

通常はこうなる

GODA損益計算書

（単位:千円）

Ⅰ売上高	6,000,000
Ⅱ売上原価	5,050,000
売上総利益	950,000
Ⅲ販売費及び一般管理費	990,000
営業利益	▲40,000
Ⅳ営業外収益	10,000
Ⅴ営業外費用	20,000
経常利益	▲50,000

損失となる

たったこれだけのことで、決算書の見栄えは大きく変わってくるのだ。私は、銀行側の誤解を解くべく、説明をした。

「今回の商品評価損は、ＧＯＤＡの在庫すべてを見直した結果生じたものです。過去5年分、すべての評価損を一気に計上しました。次期からはもちろん、毎期商品の価値を見直し、通常の範囲内の商品評価損は売上原価とします」

この言葉に、銀行の担当者も納得したようだった。

「5年分の損失を一気に計上したとなれば、今期のみ赤字となることには問題はないでしょう。実際、**貸借対照表の●●を見れば、5年間のトータルが黒字であることは分かりますから**」

もうすぐドリル

ドリル6

Q

貸借対照表のどこを見ると、過去も含めトータルで赤字、黒字が分かるでしょうか？

105ページの貸借対照表の中から、選んでみましょう（答えは106ページ）。

GODAの貸借対照表

（単位：千円）

資産の部	負債の部
A 流動資産 3,000,000	C 流動負債 2,000,000
B 固定資産 2,000,000	D 固定負債 1,700,000
	純資産の部
	E 資本金 800,000
	F 資本剰余金 300,000
	G 利益剰余金 200,000

ドリル6 A

正解はG．利益剰余金

貸借対照表の純資産の部の「利益剰余金」には、**過去からの会社の利益のトータルの額**が示される。もちろん、配当などにより社外に流出してしまった分は除かれるが、利益剰余金がプラスであれば、今期まで、トータルで会社が儲かっていることを意味している。

「今回の特別損失で、**累積赤字**になるようでしたら、大変ですけれどね」

追加ドリル **上級編**

似て非なる言葉を理解しましょう！　「資本の欠損」「債務超過」「累積赤字」という3つの言葉は、何を意味しているでしょうか？　それぞれに合うものを選んでみましょう（答えは109ページ）。

A．過去から現在まで、トータルで赤字の状態

B．累積赤字だが、純資産の部はプラスの状態

C．累積赤字により、純資産の部がマイナスの状態

安心・信頼のGODA
鮮明
極
GODA

結局、銀行の担当者も納得し、融資枠の拡大へと話題が戻った。

「そういうことでしたら郷田社長、当行といたしましては融資枠の拡大をさせていただきたいと存じます。いかがでしょうか。資金需要はございませんか？」

これに対し、郷田社長はこう答えた。

「枠を拡大してくれるのはけっこうだけど、うちは今、特に資金は必要ないよ。うちが困ったときには追加融資をしてください。といっても、困ったときにはお金を貸してくれないのが銀行さんですけどね。ハッハッハ」

豪快に笑いながら、皮肉たっぷりの言葉を吐く郷田社長に対し、銀行の担当者は気まずそうな顔をしていた。私は思わず、小谷部長と顔を見合せて笑ってしまった。


後日、お付き合いということで、銀行から追加で融資を受けたという報告がＧＯＤＡからはいった。

「郷田社長は怖い人です。ですが、いろいろな方とのお付き合いをとても大切にする人ですから…」

そう言った受話器の向こうの小谷部長の声は、とても優しかった。

追加ドリル（上級編）の答え

A

累積赤字
…A.過去から現在まで、トータルで赤字の状態
資本の欠損
…B.累積赤字だが、純資産の部はプラスの状態
債務超過
…C.累積赤字により、純資産の部がマイナスの状態

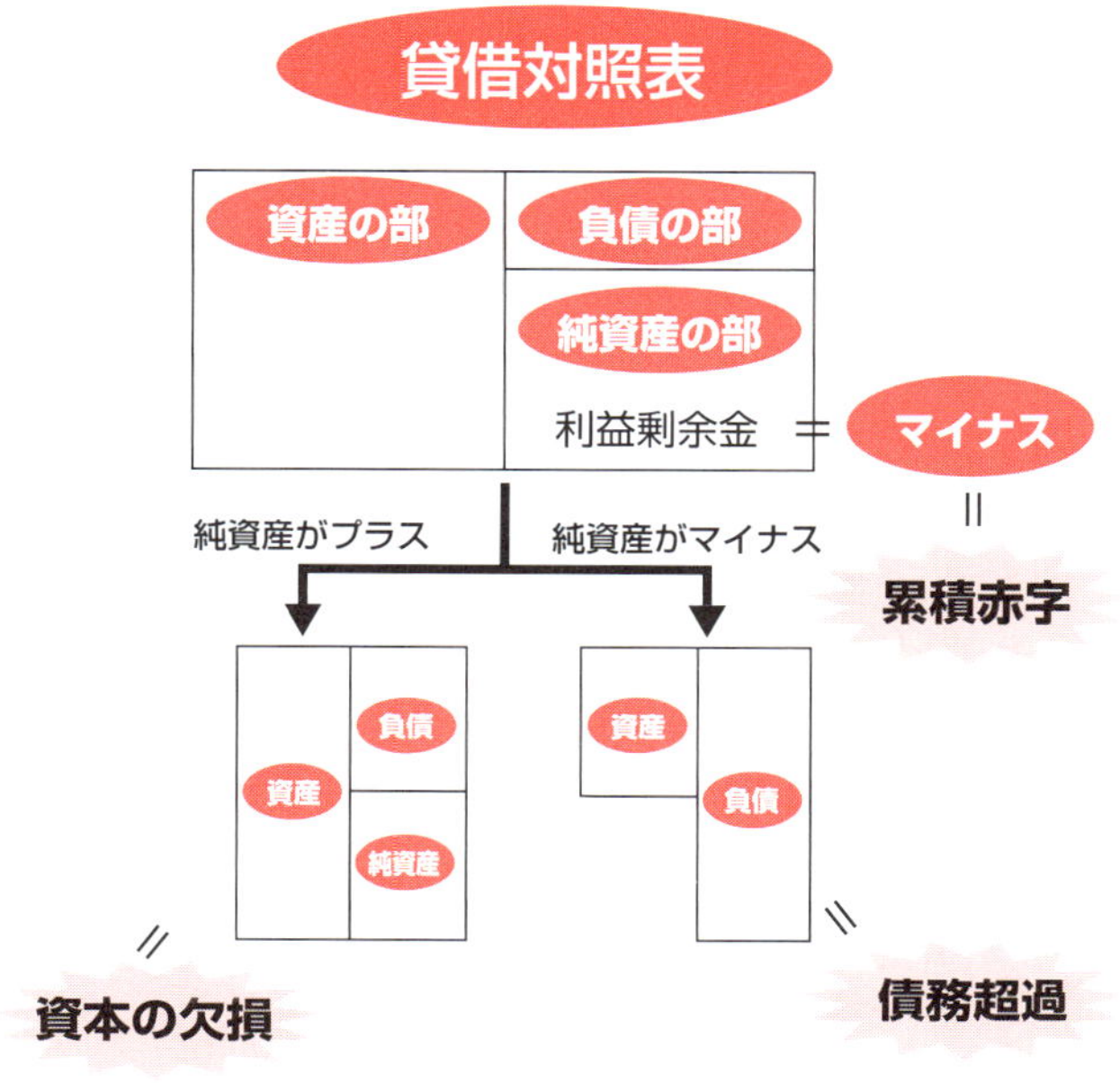
貸借対照表
資産の部
負債の部
純資産の部
利益剰余金
マイナス
累積赤字
純資産がプラス
純資産がマイナス
負債
資産
純資産
資産
負債
資本の欠損
債務超過

※厳密には資本剰余金や利益剰余金の中身まで考慮します

Q4 1個1万円で仕入れた商品を2万円で1,000個販売しました。人件費が500万円、店舗の家賃が300万円のとき、営業利益はいくらになるでしょうか？

①2,000万円　②1,000万円　③1,200万円　④200万円

Q5 損害賠償を支払うため、本社ビルを売却したのはC社とD社のいずれである可能性が高いでしょうか？

C社のキャッシュフロー計算書（単位：百万円）

営業活動によるキャッシュフロー	6,300
投資活動によるキャッシュフロー	▲3,100
財務活動によるキャッシュフロー	▲4,100

D社のキャッシュフロー計算書（単位：百万円）

営業活動によるキャッシュフロー	▲11,000
投資活動によるキャッシュフロー	12,000
財務活動によるキャッシュフロー	▲630

Q6 下記の資産のうち、原則として固定資産でないものはどれでしょうか？

A.現金・預金　B.社用車（所有している）　C.自社ビル

Q7 財務活動によるキャッシュフローがマイナスとなっていた場合、何を意味しているでしょうか？

A.資金を新たに調達したことを意味している
B.負債を返済したことを意味している

●章末ドリル（答えはP112～P114）

Q1 下記の企業はいずれも累積赤字となっています。その結果、債務超過となっているのはＡ社、Ｂ社のどちらでしょうか？

A社の貸借対照表　（単位：百万円）

資産の部合計	431,000	負債の部合計	788,000
		純資産の部合計	▲357,000

B社の貸借対照表　（単位：百万円）

資産の部合計	46,000	負債の部合計	24,000
		純資産の部合計	22,000

Q2 下記のＡ社とＢ社のうち、危険性の高い赤字（倒産する可能性のある赤字）となっているのはどちらでしょう？

A社の損益計算書　（単位：百万円）

売上高	63,000	
売上原価	34,000	
売上総利益	29,000	
販売費及び一般管理費	36,000	…すべて人件費
営業利益	▲7,000	

B社の損益計算書　（単位：百万円）

売上高	63,000	
売上原価	34,000	
売上総利益	29,000	
販売費及び一般管理費	36,000	…すべて減価償却費
営業利益	▲7,000	

Q3 １個１万円で仕入れた商品を２万円で1,000個販売しました。人件費が500万円、店舗の家賃が300万円のとき、粗利益はいくらになるでしょうか？

①2,000万円　②1,000万円　③1,200万円　④200万円

Q5 D社

自社ビルの売却による収入は「投資活動によるキャッシュフロー」に計上される。また、損害賠償の支払いに関する支出は「営業活動によるキャッシュフロー」に計上される。「投資活動」にも「財務活動」にも分類されない収支は、営業活動に無理やり分類してしまうのだ。自社ビルの売却で資金を得たことにより投資活動によるキャッシュフローがプラスとなり、損害賠償を支払ったことにより営業活動によるキャッシュフローがマイナスとなっているのは、D社である。よってD社の可能性が高い。ちなみに、D社は株式会社不二家の平成19年3月期の金額を参考に作成。不祥事によってフランチャイズへの損失補てんという多額の支払いが必要になったが、自社ビル売却により100億円を超えるお金を手にしているため、このようなキャッシュフロー計算書になった。

Q6 A．現金・預金

固定資産とは、1年を超えて企業が使用するもの、及び換金するのに1年を超えた期間を要する資産をいう。一方、流動資産とは、商品売買に関する資産及び1年以内に換金できる資産をいう。なお、定期預金などは、期間が1年を超えるものは固定資産となる。固定資産のうち、建物や車両など、使用していくうちに劣化し、いつかは使用できなくなるようなものを「償却資産」といい、減価償却を実施することになる。一方で、永久に利用でき、いわゆる劣化のない「土地」は減価償却の対象にならない。

★流動資産…現金・預金、売掛金、棚卸資産（商品、製品など）、有価証券（トレーディング目的のもの）など

★固定資産…土地、建物、車両、機械、トレーディング目的以外の有価証券など

★章末ドリルの答え

Q1 A社

累積赤字とは、非常に簡単にいえば、純資産の部の「利益剰余金」がマイナスになっている状態。その結果、純資産の部がマイナスになっているとき、「債務超過」という。B社は「資本の欠損」の状態であると考えられるが、厳密には純資産の部の中身を検証しないと分からない。ちなみに、A社はカネボウ株式会社の平成16年3月期の金額を参考に作成。B社は株式会社不二家の平成20年3月期の金額を参考に作成。

Q2 A社

そもそも、販売費及び一般管理費がすべて人件費であったり減価償却費であったりすることはないが、「減価償却費」とそれ以外の経費を意識すると良いため、不自然な出題となった。減価償却費は、支出をともなわない経費なので、B社は損益計算書では赤字であるものの、実際のキャッシュは増加していると考えられる。一方でA社の人件費は支出をともなうため、実際のキャッシュも減少している。そのため、与えられたデータから判断すると、A社のほうが倒産する可能性が高いと考えられる。

Q3 ②1,000万円

損益計算書 (単位:万円)

売上高	2,000	(2万円×1,000個)
売上原価	1,000	(1万円×1,000個)
売上総利益	1,000	
販売費及び一般管理費	800	(人件費500+家賃300)
営業利益	200	

上記の通り、売上総利益(=粗利益)は1,000万円となる。

Q4 ④200万円

Q3の図参照。上記のとおり、営業利益は200万円となる。

★ドリルの答え

Q7 B．負債を返済したことを意味している

キャッシュフロー計算書の「財務活動によるキャッシュフロー」には、資金の調達と返済に関する収支が記載される。資金を新たに調達してきたとき（借入れや増資をしたとき）には、企業にお金が入ってくるから収入となり、プラスとなる。一方で、負債を返済したときには、企業からお金が出ていくので支出となり、マイナスとなる。ビジネスの拡大時期には、資金を調達して新たな投資をしていくことになるが（財務活動によるキャッシュフローはプラス）、ビジネスが軌道に乗って安定した利益を生み出せるようになったら返済を進めていく（財務活動によるキャッシュフローはマイナス）ことになる。なお、「投資活動によるキャッシュフロー」は、設備投資をするときは、支出となるのでマイナスとなる。設備を売却しビジネスを縮小するようなときには、収入となるのでプラスになる。「投資活動によるキャッシュフロー」と「財務活動によるキャッシュフロー」は、プラス（もしくはマイナス）だったら良いとか悪いという判断はできない。企業の方向性と上記から判断した状況がマッチしているかどうかが重要となる。

COLUMN3

不祥事があっても潰れない企業

企業の不祥事、特に食品に関する企業の不祥事が頻発していますが、その中の１つに、不二家がありました。2007年１月、消費期限切れの材料を使って問題になっていますが、不二家という企業は今もなお存続し、経営を続けています。

2008年３月期の決算短信によると、不二家は３期連続で赤字決算となりましたが、私は２つの点で驚きました。

１つは、2006年３月期、つまり不祥事発覚前も赤字であったということ。営業損失であったため、単純に考えるとお菓子を売るという不二家のビジネスで儲かっていなかったということです。不祥事が報道されたことで赤字に転落したわけではない、という点は非常に驚きです。

そしてもう１つは、３期連続で赤字であるのにも関わらず、倒産しないということ。ですが、この「なぜ倒産することなく経営が続けられるのか？」という疑問は決算書を見ると、その原因を分析することができます。

まず、2006年３月期ですが、実は販売費及び一般管理費に、所有しているビルの減価償却費が約3,000百万円計上されているため、実質黒字の状態であると考えることもできます。事実、このときの営業活動によるキャッシュフローは1,336百万円となっており、ビジネスでキャッシュが増加している状態を示しています。赤字と一言で片づけられないことがよく分かります。

次に2007年３月期ですが、営業も停止しましたし、売上高の激減などは容易に想像がつきます。また、新聞などで報道された通り、フランチャイズ店に対して補償金の支払いも必要になりました。このような特別な事情は「特別損失」に現れます。

この危機を乗り切るため、不二家は自社ビルを売却しました。ビルの売却で得たキャッシュは約１３５億円と報じられています。過去の蓄えや持っている資産を売却することで窮地をしのいだのです。

そして、2008年３月期です。もしも過去の貯えがそこをつき、売却できるものもなくなってしまったら、次の手段は新たな資金調達となりますね。ここで不二家は山崎製パンからの出資を受けることによって、財務構造の健全化を図りました。

このことから言えるのは、以下の場合には、赤字であってもビジネスを継続することが可能だということです。

①損益は赤字でも、キャッシュは黒字である
②過去の蓄えなどがある
③新たな資金調達が可能である

不祥事も赤字も、好ましいことではありません。しかし、それをきっかけに企業や社会が良い方向に進むことを願いたいですね。この点、株式会社不二家の決算書が今後どうなるのか、本当に楽しみです。

4日目

なぜ、社長は粉飾決算をするのか？

〜粉飾決算の謎を解く！〜

◉悲劇の始まり

事務所のドアがバタン!と開いた。

「先生! ニュース見ましたか? 高原社長が粉飾決算で逮捕されたそうですよ! 大騒ぎになっています!」

高原社長といえば、老舗レストランタカハラの社長で、バラエティ番組などにも出演し、メディアにも頻繁に登場していた名物社長だ。私は、真由に尋ねてみた。

「どんな粉飾だったの?」

「えっとですね…。う〜ん…。よく分かりません」

確かに新聞報道では分かりにくいだろうな、と私は心の中でつぶやいた。

「先生。**なぜ、粉飾決算が頻発するんですか?**」

「それはね…」

私の脳裏には、10年ほど前の苦い記憶がよみがえっていた。ちょうど、独立したての頃。私にとっては、忘れられない記憶だ…。

私はちょうどいい機会だと思い、真由を相手に少しだけ、昔話をすることにした。

あれは、約10年前――。

私は事務所の経営を軌道に乗せるため、来るもの拒まずで仕事を引き受けていた。その中の1つにあったのが、株式会社エヌツーカンパニーだ。

エヌツーカンパニーは、企業のウェブサイトや各種システムを構築するシステムエンジニアリング会社だ。設立して2年。急激な成長をとげていた。

社長の野村氏が営業を担当し、副社長の中津氏がシステム開発を担当。一方、私は総務や財務など、管理部門全般のサポートを依頼されていた。2人は、ちょうど私と同世代。

野村社長も中津副社長も、仕事熱心で、経営も生活も非常に堅実だった。

それが一変したのは、私がエヌツーカンパニーに出入りするようになって、1年を過ぎた頃。野村社長の様子が、徐々に変わり始めたのだ…。

●野村社長に、何が起こったのか？

野村社長はブランド品に身を包み、どんどん羽振りが良くなっていった。ところが、それだけの生活を維持する役員報酬は、どう考えてもないはずだった。

あの資金は、いったいどこから出ているんだろう？　私は疑問に思い、中津副社長にこっそりと尋ねてみた。

「野村社長って、お金持ちのお坊ちゃまなのですか？」

「ははは。あいつがお坊ちゃま？　冗談言わないでよ。ごくごくふつうの家だよ」

だったら、なぜ…？　宝くじでも当たって、まとまったお金が入ったのだろうか？

●裏金疑惑浮上！

野村社長の羽振りの良さは、ますますエスカレートしていった。私はいよいよ不安になってきて、中津副社長にあらためて相談した。

「確かに、業績は良くなっています。ですから、数か月前から役員報酬は上がりましたけれど、あれほどの生活ができる金額だとは、とても思えないのですが…」

「そうだなあ…。でも、個人的な生活にまで、いちいち立ち入るのもなあ…」

中津副社長は、野村社長に対してどこか弱気だった。野村社長の気性の激しさにいつも振り回されているせいかもしれない。

「あれだけの生活をするとなると、**裏で借金**をしているか、それとも**横領**でもしているのではないかと、私は不安なんです」

「横領？」

中津副社長が大きな声を出したので、私はあわてて口をふさいだ。

「可能性もある、ということです。企業経営のための裏金作りと同じような手法で、社長個人の懐に、会社のお金をうまく貯め込んでいるのでは…」

「でも、どうやって？」

実は、ここ数か月、私には気になっていることがあった。最近、●●がやたらに増えている…。もちろん、業務が拡大しているのだから、不思議はない。だが…。

私の脳裏を不吉な予感がかすめた。

「もしも、架空の●●が存在するならば、横領はたやすい…」

もうすぐドリル

ドリル1 Q

●●の中に入る言葉を次の中から選んでみましょう（答えは122ページ）。

A．苦情　B．従業員　C．預金残高　D．企画書

ドリル1 A

正解はB．従業員

「中津さん、こんなに人が増えているのはなぜですか？　だいたい、社内を見渡しても、これだけの数の人がいるとは思えないんですが…」

私は、給与台帳を中津副社長に見せた。

「採用の最終決定は野村任せなんだよ…。誰を採用したか、いちいち覚えていないからなあ…。うちのＳＥは客先に常駐していることも多いから、今、誰がどこにいるかを全て把握しているのは野村だけだよ」

言われてみると、確かにその通りだ。しかし、**前期と比較して、いろいろな金額が信じられないほど変化している**（123ページ）。

「コソコソと二人で相談しても仕方ない。思いきって野村に聞いてみようよ」

中津副社長はやっと、覚悟を決めてくれた。

「そうですね…」

私と中津副社長は、社長室のドアをノックした。

エヌツーカンパニーの損益計算書（2期分）

（単位：千円）

売上高	100,000	300,000
売上原価	80,000	260,000
売上総利益	20,000	40,000
販売費及び一般管理費	12,000	30,000
営業利益	8,000	10,000
営業外収益	300	300
営業外費用	800	800
経常利益	7,500	9,500

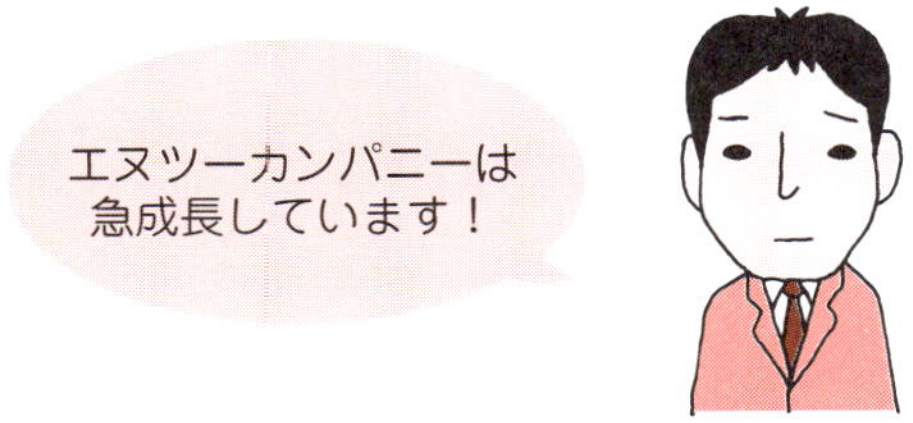

◉声を荒げる社長

「誰だ？」

いつも通り、愛想の悪い声が部屋の中に響いた。同い年で友達の中津副社長だが、野村社長に対しては、いつも敬語を使う。

「単刀直入におうかがいしたいのですが…」

そこまで言うと、中津副社長は突然、黙ってしまった。なかなか話を切り出せない中津副社長に代わり、私は思いきって尋ねてみることにした。

「野村さん。最近すごく羽振りがいいようですが、何かあったんですか？」

私の質問に対して、野村社長はあからさまにムッとして言い返した。

「その理由を聞いて、どうするわけ？　平林さんに、何か関係あるの？」

高圧的な野村社長の態度に、私は一瞬ひるんだが、深呼吸をして言った。

「野村さんの今の状況が、私には健全とは思えません…。お金の出所が気になるんです。まさか、借金では…」

そこまで言うと、野村社長は吐き捨てるように言った。

「借金なんかしてねえよ！」

「ではもしかして、横領ですか？」

その問いかけに、野村社長が一瞬、ピクリと体を動かした気がした。

「架空の従業員が存在すれば、横領はたやすいはずです。**架空の従業員に給料を支払い、そのお金を懐へ入れればいい**んですから。実際、**昨年と比較して人件費が急増**していますし…」

もうすぐドリル

「ふ〜ん。それで？」

野村社長は動じない。シラを切るつもりだろうか？　私はさらに、追撃した。

「架空の●●を作成しても、同様なことができる。こちらは、いかがですか？」

ドリル2 Q

●●に入る言葉を、次の中から、選んでみましょう（答えは126ページ）。

A．請求書　B．議事録　C．レポート　D．始末書

ドリル2

A 正解はA．請求書

「架空の請求書を作成しても、同様なことができる。こちらは、いかがですか？ **会社から架空の業者にお金を払ってもらい、社長の懐へ入れる。**いずれも単純な手口です」

そこまで言うと、野村社長は見下したような態度で、大声で笑った。

「はっはっは！ 平林さんも暇だねえ！」

そして、ダン！と机を叩き、言い放った。

「それじゃあ、自分の目で、架空の従業員がいるかどうか確かめてみろよ！」

野村社長はプロジェクト名とアサインされている従業員の名前の入ったリストを、私に投げつけた。地面に落ちた資料を拾い上げ、とりあえず私は、中津副社長とともに、この場を退散することにした…。

◉第2の疑惑

後日、私は中津副社長とともにクライアント回りをしたが、給与台帳に記載された従業

野村社長への疑惑

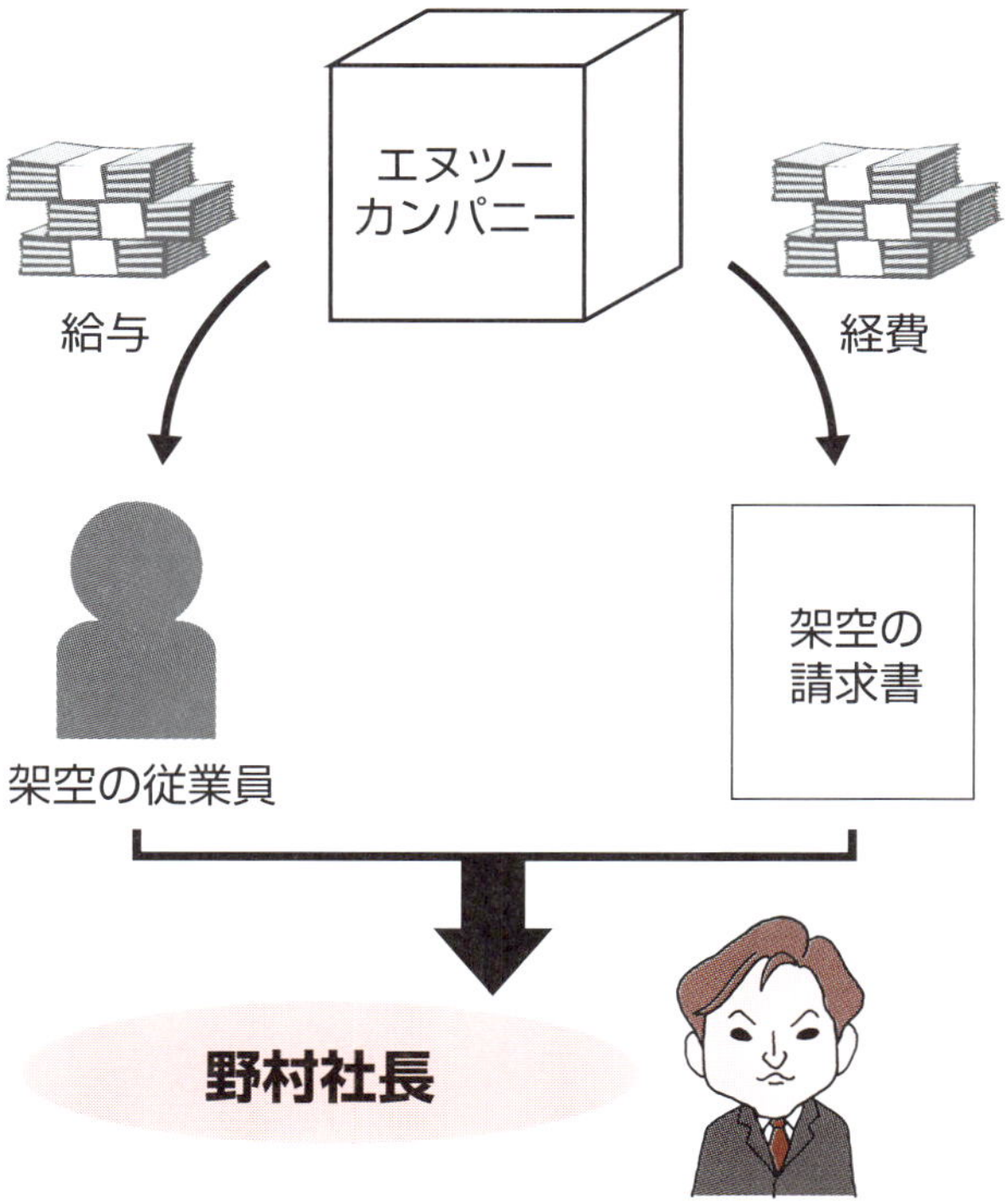

架空の従業員や請求書を使えば、横領は可能なはず…。

員は、確かに「そこ」にいた。きちんと台帳に記載された額の給与を受け取っていることも確認できた。つまり、私の心配は、取り越し苦労だったのだ…。

一応、気になる請求書についても調べてみたが、こちらの方も、いずれも問題はない…。

このことを社長に報告すると「人を犯罪者扱いしやがって！　覚えてろ！」とさんざん罵倒された。私は何も言い返すことができなかった…。

それから、数ヵ月後―。

私はふとしたことから、新たな問題を発見した。いくつかの客先からの**売掛金が、期日から半年を過ぎているにもかかわらず、入金されていなかった**のだ。

売掛金とは、いわゆるツケのことだ。ツケを支払ってもらえなければ、その分がまるまる損になる。いわゆる**「貸倒れ」**だが、期日を過ぎても入金されていない売掛金は、しっかりと調査をしなければならない。

私は、中津副社長の許可を取り、取引先に連絡を入れてみることにした。

ほとんどの企業は、ちょっとした資金繰り事情で支払いが遅れているだけで、すぐに支払うと約束してくれた。だが、その中で**気になる回答をしてきた得意先が2つ**出てきた。

1つは、最近になって取引を始めた大手電機メーカーの三芝。担当の田中氏によれば、こちらが問い合わせた取引のうち、覚えのないものがあるという。

まさか…。私の予感は的中した。

いろいろ調べた結果、これが**架空売上**だったことが判明。つまり、エヌツーカンパニーは粉飾をしていたのだ…。

◉典型的な粉飾の手口とは？

「粉飾決算って、そんなに簡単にできるものなんですか？」

私の昔話を聞いていた真由が突然、質問をしてきた。

「結論から言うと、できないことはないわ。架空の取引を作ったり、実際に生じた取引を隠しちゃったりすればいいんだから。**架空売上の計上**は、典型的な粉飾の手口よ」

「典型的な手口ですか？」

もうすぐドリル

「そう。そもそも粉飾は、利益を実際よりも大きく見せたり、小さく見せたりすることなの。そして、もし利益を大きく見せたいのなら、**収益を大きくするか、費用を小さくするかしかない**のよ。**利益＝収益−費用**でしょ？」

私は説明を続けた。

「外部とのお金のやり取りがあるような場合、通帳などに取引の記録が残ってしまうでしょう？　だから粉飾、つまりウソをつくには不都合なのよ。一方、**直接的なお金の授受のない取引**を利用すると、てっとり早く粉飾ができる…」

真由はうなずいて聞いている。

「例えば、利益を大きく見せたいのなら、次のような手口が典型的ね」

私はホワイトボートに羅列しながら説明した。

①**架空売上の計上**　…　売掛金が●●になる
②**在庫の水増しによる売上原価の過少計上**　…　棚卸資産（商品）が●●になる
③**減価償却費の過少計上**…固定資産が●●になる

ドリル3
Q

●●に入る共通の言葉を、次の中から選びましょう（答えは132ページ）。

A．過大　B．過少

ドリル3

A 正解はA．過大

「**利益が大きくなる**ということは、貸借対照表で考えると、**純資産の部が大きくなる**ということでしょ？　利益を大きく見せようとすれば、**資産も大きくなる。**つまり過大になる可能性が高いのよ」

決算書の金額を前期と比較して、急激な変化があった場合には、理由をきちんと見極める必要がある。決算書のデータの裏には、必ず、何かしらの企業の活動があるのだ。

私は最後に付け加えた。

「このような手法を利用して粉飾をすると、**何かしらのひずみが貸借対照表にも現れる**ものなのよ」

◉第3の疑惑

「そういえば、売掛金の調査で、もう1つ気になる回答をしてきた会社があったんですよね？　その会社はどうだったんですか？」

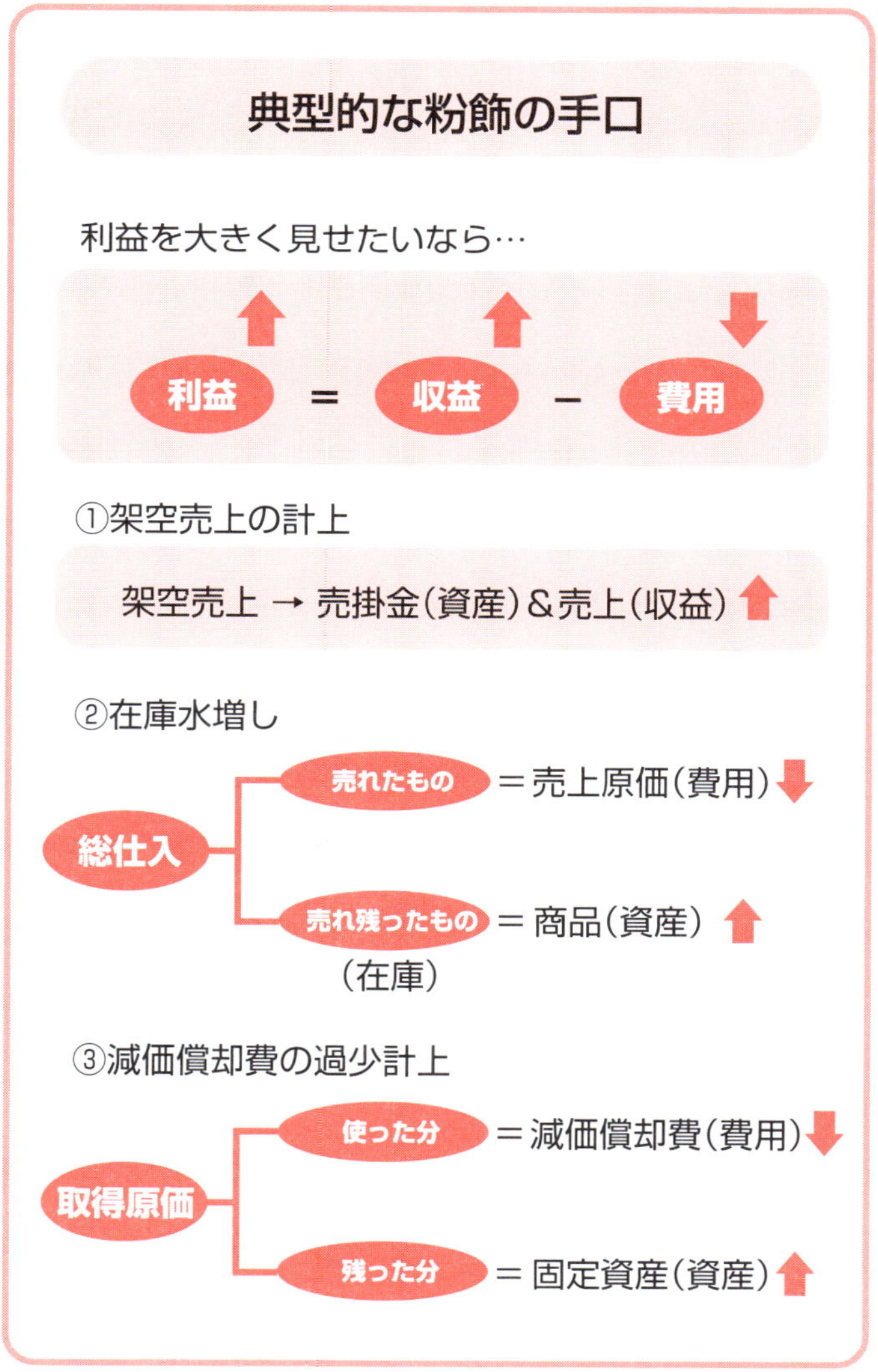
典型的な粉飾の手口
利益を大きく見せたいなら…
利益
＝
収益
－
費用
①架空売上の計上
架空売上 → 売掛金（資産）＆売上（収益）
②在庫水増し
総仕入
売れたもの
＝売上原価（費用）
売れ残ったもの
（在庫）
＝商品（資産）
③減価償却費の過少計上
取得原価
使った分
＝減価償却費（費用）
残った分
＝固定資産（資産）

真由の問いかけに、私は再び昔話を始めた。

気になる回答をしてきたもう１つ会社は、郷田商店。そう、のちに私のクライアントとなる、株式会社ＧＯＤＡの前身だ（３日目参照）。先方の小谷経理課長（当時）によれば、エヌツーカンパニーへは期日通りに支払っているという。

「の、野村社長に、直接お渡ししていますよ。領収証もいただいていますし…。な、何か弊社に問題でも…？」

直接渡している？　なるほど…。

私は、一応、領収証をファックスしてもらい、内容を確かめたが、すでに真相は見えていた。中津副社長が、ファックスを見ながら言った。

「平林さん、どういうことなんですか？」

おそらく、こういうことだ。

私は中津副社長に説明した。

野村社長は、郷田商店から、**売掛金を直接現金で回収し、先方に領収証を渡す。手に入れた現金はエヌツーカンパニーの口座に入れることなく、自分の懐へ入れた**のだろう。

私は中津副社長とともに、再び社長室を訪れることにした。

「横領って、いつ頃からやってたんだよ！」

中津副社長の強い口調に、野村社長が重い口を開いた。

「1年半くらい前、かな…」

中津副社長は少し考え込み、純粋な疑問をぶつけてきた。

「あれ？　でも、郷田商店への売掛金が回収されていないのは、半年だよな？　お前が横領していたのは1年半ほど前からだろ？　このズレは何なんだ？」

私は野村社長の顔をチラリと見て、説明した。

「私が説明しましょう。おそらく、野村さんは**少しずつ、会社の口座にお金を入れていた**んだと思います。違いますか？」

「そうだ…」

野村社長は力なく答えた。

「郷田商店との取引額がどんどん増加していたから、少しずつ補てんしながら、横領することが可能だったんですよ。つまり、こういうことなんです」

私は、中津副社長が理解できるように説明した。

「当初、野村さんが、売掛金1，000万円を横領したとします。郷田商店との取引はどんどん増えていましたから、次の取引は1，５００万円だったとしましょう。そこで、前回横領してしまった分を穴埋めして、残り５００万円を着服する。これを繰り返すんです」

私はさらに説明を続けた。

「ただし、これは**郷田商店との取引額がどんどん増加していたから可能**なんです。もし、取引が減少したり、取引がなくなってしまえば、ほころびが露呈します」

実際、この1年間で郷田商店との取引は縮小していた。そして、徐々に補てんができなくなり、結局、こうやって横領と粉飾が明るみに出たわけだ…。

◉なぜ、社長は粉飾をするのか？

「架空はあくまでも架空ですよね？　何で粉飾決算なんてするんだろう？」

真由がポツリとつぶやいた。真由の言葉はもっともだ。

ウソにウソを重ねていかなければ、いつか、そのひずみが問題となって露呈してしまう。しかし、それでも粉飾決算事件はくり返されるのだ…。

「ある銀行に提出された何十社もの企業の決算書に、粉飾が見つかったなんていう話もあるのよ。知ってる？　粉飾って、お化粧って言われることもあるの」

「お化粧、ですか？」

「悪いところを隠したいとか、良く見せたいという理由で行われるのよ。つまり横領などの**不正な取り引きを隠そうとする粉飾**もあれば、単に**利益を操作するための粉飾**もあるの」

私は説明を続けた。

もうすぐドリル

「利益を操作して良く見せることには、**銀行や取引先との関係を円滑にする**ため、**株価を向上させる**ため、**経営者が自分の経営手腕を良く見せる**ためといった理由が考えられるわ」

真由は「なるほど」とうなずいた。そんな真由に私は質問した。

「じゃあ、質問ね。逆に、**利益を悪く見せる粉飾**もあるんだけど、なぜだと思う？」

「それは…」

ドリル4 Q

利益を悪く見せるのは、何が目的なのでしょうか？　次の中から選びましょう（答えは138ページ）。

A. 目立たなくするため　B. 脱税するため

C. 同情をさそうため　D. 取引を有利にするため

ドリル4 A

正解はB．脱税するため

「それは、脱税ですね」

「そう。利益を少なく見せることによって、支払うべき税金をできるだけ少なくする。もちろん**節税の努力はどの企業もやっている**けれど、粉飾による脱税になると立派な犯罪よ」

私は、話を元に戻し、昔話を続けた。

◉粉飾決算の結末

「警察に突き出せよ！」

そう言う野村社長に対して、いつもは弱気な中津副社長が、毅然とした態度で言った。

「エヌツーカンパニーは、野村のエヌと中津のエヌでエヌツーだ。お前がいなければこの会社は成り立たないんだよ！　この会社を上場させることで、罪を償え！　従業員のためにも、お前は働き続けるんだ！」

そう言うと、中津副社長は、野村社長の頬を思いっきり殴った。

粉飾の理由

不正を隠す粉飾

着服など
不正を隠したい！
裏金を作りたい！
…など

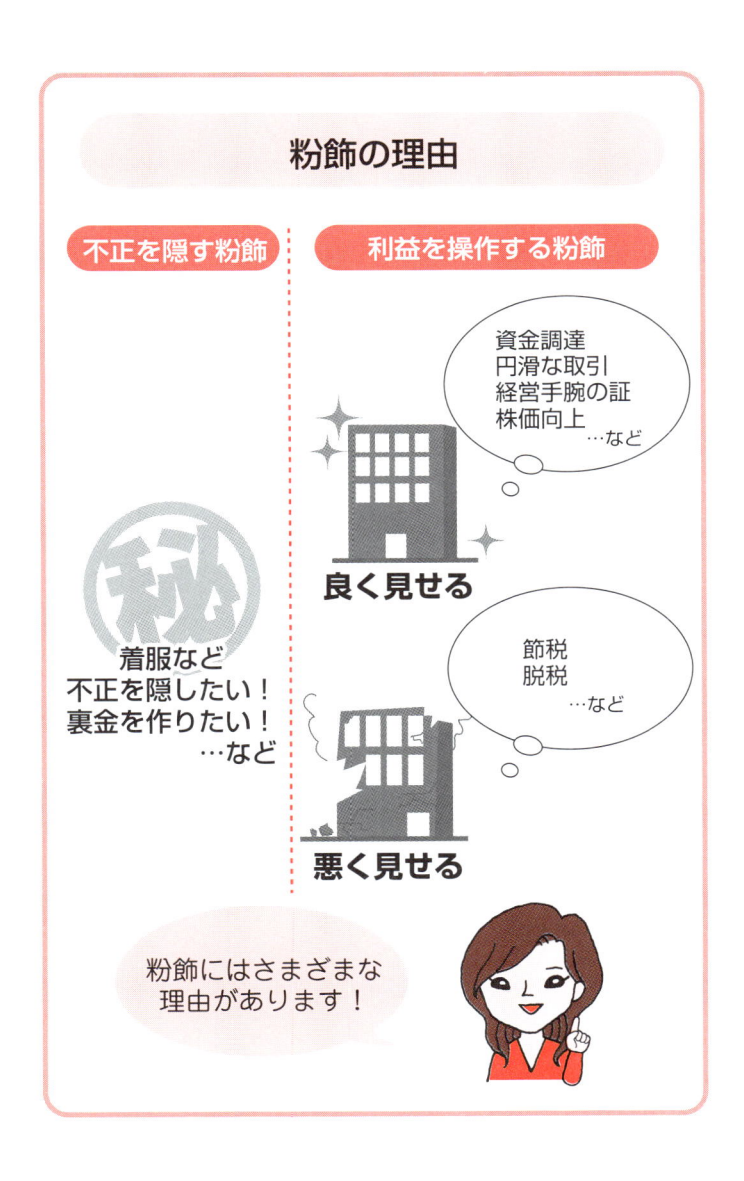

利益を操作する粉飾

資金調達
円滑な取引
経営手腕の証
株価向上
…など

良く見せる

節税
脱税
…など

悪く見せる

粉飾にはさまざまな
理由があります！

「平林さん…。今回のことは犯罪だから、みんなで許して、それで済む問題でないことは分かっています…。でも、野村の処分は、私に預けてもらえませんか？」

そう言うと、中津副社長は両膝をついて土下座した。

「やめてください！　分かりましたから…」

私は、中津副社長の言葉にうなずき、エヌツーカンパニーとの契約を打ち切ることで決着をつけた…。

その後――。

風の噂で聞いたところによると、架空売上をきちんと修正し、野村社長の横領分は会社に返金されたらしい。

エヌツーカンパニーは、今でも経営を継続している。

まだ上場はしていないが、野村さんと中津さんは、きっとその夢を共有して歩んでいることだろう。

COLUMN4

粉飾決算は工夫次第？

過去から現在に至るまで、粉飾決算事件は後を絶ちません。粉飾決算の手法はさまざまで、最先端の知識を使ったようなものもあります。そして、粉飾決算事件を受けて法律が整備されるなど、事件と法律のイタチごっことなっています。

ですが実際には、架空の取引を計上する、在庫や固定資産を水増しするという典型的な手法は、いつの時代でも利用されています。

もちろん、本章のように１社だけで粉飾決算を行うと、相手に問い合わせればすぐに判明してしまうため、難しいのですが…。

例えば、複数の企業を利用し、企業同士で共謀すると架空の取引を作り上げることができます。意のままに動かせる企業が２つあれば、押込販売や販売時期の調整など、粉飾かどうかのスレスレの取引も比較的簡単にできる可能性もあります。

さらに、共謀できる企業が３、４社あれば、循環取引も可能になります。循環取引とは、商品を３、４社（あるいはそれ以上）で販売しあって、売上を多く見せかけたりする取引のこと。２社間のやり取りでは、請求書などの書類が不自然（仕入先と販売先が同じになるため）になりがちですが、３社、４社と商品を回せば、不自然さはどんどん薄れていくでしょう。

海外の企業や個人との取引をかませるのも効果的です。海外の企業や個人の決算書などは、人目につきにくいため、ひずみはすべてそこで吸収すれば良いというわけです。

ライブドア、カネボウなど、近年も大規模な粉飾決算事件がありました。報道される情報だけでは、具体的な内容までなかなか理解できないこともありますが、意外と古典的な手法が利用されているようです。

私は粉飾決算の手法をご紹介したいというわけではありません。むしろ、職業的にも、粉飾決算と徹底的に戦う立場にあります。

ただ、現代の会計制度が発生主義によっているなどの理由から、工夫次第で粉飾決算が可能な状況なのだと理解することは大切だと思っています。

循環取引

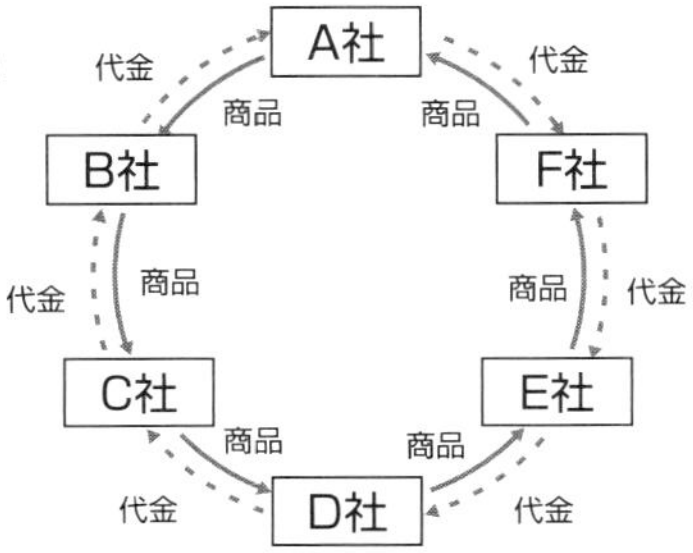

Q6 商品を単価1,000円で１万個仕入れて、1,500円で6,000個販売した。正しい文章はどちらでしょう？

A. 売上は1,500×6,000で9,000,000円。
売上原価は1,000×10,000で10,000,000円。
よって1,000,000円の損失である。

B. 売上は1,500×6,000で9,000,000円。
売上原価は1,000×6,000で6,000,000円。
よって3,000,000円の利益である。

Q7 下記のＡ社の損益計算書に計上されている特別損失が、本来は販売費および一般管理費に計上されるべきだとして修正をした場合、各利益はどう変化するでしょうか？

Ａ社の損益計算書　（単位:百万円）

売上高	35,000
売上原価	31,000
売上総利益	4,000
販売費及び一般管理費	3,500
営業利益	500
営業外収益	500
営業外費用	300
経常利益	700
特別利益	80
特別損失	1,230
当期純利益	▲450

①当期純利益がプラスになる
②売上総利益がマイナスになる
③営業利益がマイナスになる
④経常利益は変化しない

●章末ドリル（答えは）P144～P146

Q1 下記のような利益操作をした場合、「利益が増えるもの」「利益が減るもの」にそれぞれ分類してみましょう。

A．固定資産を過少計上する
B．架空売上を計上する
C．架空の従業員を雇う
D．在庫を水増しする
E．売上げなかったことにする

Q2 商品をトータルで1,000万円分仕入れてきました。売上原価を800万円とするためには、在庫がいくらになればよいでしょうか？

Q3 商品（販売単価1,000円）１万個の注文がきました。期末までに6,000個を発送済みで、2,000個分については代金も振り込まれました。このとき、売上高はいくらになるでしょうか？

①10,000千円　②6,000千円　③2,000千円　④4,000千円

Q4 取得原価６億円の自社ビルを減価償却するとき、30年で償却した場合と、40年で償却した場合の毎年の減価償却費はいくらになるでしょうか？

Q5 銀行預金に利息がついた場合、その利息はどこに計上されるでしょうか？

A．売上高　B．営業外収益　C．営業外費用　D．特別利益

Q4 30年で償却…減価償却費2,000万円 40年で償却…減価償却費1,500万円

それぞれ、「6億÷30年＝2,000万円」「6億÷40年＝1,500万円」。このように、何年で償却するか、つまり耐用年数を何年にするかで、減価償却費（費用）の額がいとも簡単に変わる。そして耐用年数は、原則としてそれぞれの企業が合理的と考えた期間を設定するため、利益に対して大きな影響を与える要素となるのだ。なお、厳密には「残存価額」というものを考慮して減価償却をおこなうが、現行の税法ではゼロとなったため、本書でも言及していない。

Q5 B．営業外収益

銀行預金の利息や保有している株に対する配当などは、営業外収益として計上される。現在の利率ではたいした金額にはならないが、かつて銀行預金の金利が７%、８%とあった時代には、営業外収益が企業に多額の利益をもたらすこともあった。

Q6 B

利益を計算するうえでは、商品の仕入総額のうち販売分だけが売上原価となり、残りは資産として貸借対照表に計上される。しかし、実際には仕入総額分の支出があるので、この取引だけ見れば、商品の売買で1,000,000円の資金持ち出しとなっている。利益とキャッシュの違いを知ることは、企業の決算書を利用するために重要な視点であり、粉飾決算などを理解するうえでもカギになる。

★章末ドリルの答え

Q1 **「利益が増えるもの」**

B．架空売上を計上する→収益が増加

D．在庫を水増しする

（＝売上原価が減少する）→費用が減少

「利益が減るもの」

A．固定資産を過少計上する

（＝減価償却費が増加する）→費用が増加

C．架空の従業員を雇う

（＝人件費が増加する）→費用が増加

E．売上げなかったことにする→収益が減少

売上高や利益が急激に増加したり、貸借対照表の売掛金や在庫が膨らんだ場合には注意が必要である。その原因を分析できない場合には、粉飾決算を疑ってみる価値はある。

Q2 **200万円**

1,000万円のうち、売れた分が売上原価（費用）として利益に影響を与え、在庫は資産として貸借対照表に計上される。粉飾のために費用を上げたり下げたりすると、それと連動して貸借対照表の資産も減ったり増えたりする。

Q3 **②6,000千円**

商品は注文を受けたり、代金を受け取ったりしたときに売上となるのではなく、原則として「出荷したとき」に売上となる。そのため、出荷した６千個分が売上となる。なお、出荷済みではあるが入金されていない４千個分については、貸借対照表に「売掛金」という資産が計上される。出荷をもって売上となるため、商品を出荷したのだとウソをつけば、架空の売上を計上できる。もしくは、３月３１日に決算となる企業だとすれば、４月１日出荷分を３月３１日出荷分だと偽ったりすることで、利益を操作することもできる。もちろん、それに合わせて書類も偽造されることになるだろう。

★ドリルの答え

Q7 ③営業利益がマイナスになる

特別損失に計上していた1,230（百万円）を販売費及び一般管理費に計上しなおすと、損益計算書は以下のようになる。

A社の損益計算書　（単位:百万円）

売上高	35,000
売上原価	31,000
売上総利益	4,000
販売費及び一般管理費	4,730
営業利益	▲730
営業外収益	500
営業外費用	300
経常利益	▲530
特別利益	80
特別損失	0
当期純利益	▲450

特別損失に計上されていた1,230（百万円）を販売費及び一般管理費に移動させるので、販売費及び一般管理費よりも上にある売上総利益は変化しない。販売費及び一般管理費に多額の経費が計上されることで、営業利益がマイナスになる。同様に、経常利益もマイナスになる。しかし、もともと1,230（百万円）を差し引いた結果マイナスであった当期純利益は、そのままとなる。経費の計上場所が変わると、損益計算書の見栄えが変わることを理解しておこう！　これも粉飾の手段となる可能性がある。

エピローグ
財務３表が分かる！「ミニ会計講座」

〜決算書の謎を解く！〜

◉あれから、僕（田中）は…

同窓会の会場で、僕（田中）は、佐藤の残していった本をゆっくりと開いてみました。

すると思いがけず、次々と展開していく話に引き込まれていきました。

僕は思いました。


「会計をもっと勉強して、佐藤のように成功したい！」

そして、『1日15分！ 会計最速勉強法』の著者である平林先生の主宰する「会計セミナー」に足を運んでみることにしたのです…。

◉「貸借対照表」とは？

「あれ？ 田中じゃないか！」

会場で、そう声をかけてきたのは、何と佐藤だった。

「あれ、佐藤！ お前も平林先生の講義を聴きに来たのか？」

僕がそう尋ねると、佐藤はすかさず答えた。

「違うよ。俺は**講師見習い**なんだ。そのために、勉強中さ」

佐藤は講師を目指しているのか…。やっぱり、差がついているな…。まあ、それはどうでもいい。僕は同窓会以来、気になっていたことを切り出した。

「それはそうと、白石さんとはどうなんだ？　同窓会のあと、一緒に帰ったみたいだけど」

「内緒だよ」

内緒？　う～ん、気になるけど仕方ない。今は「会計」を一生懸命勉強して、佐藤に追いつけ、追い越せだ！　席に座ると、さっそく講義が始まった。

もうすぐドリル

「こんにちは。平林です。さっそくですが、問題です。**次のA社とB社、どちらがお金持ちの企業でしょうか？**」

ドリル1 Q

ここに2つの貸借対照表があります。A社とB社、どちらがお金持ちの企業でしょうか？　次の中から、選んでみましょう（答えは152ページ）。

A．A社　B．B社　C．どちらともいえない

貸借対照表

A社

資産の部	負債の部
現金 5億円	0円
	純資産の部
	5億円

B社

資産の部	負債の部
現金 10億円	8億円
	純資産の部
	2億円

ドリル1
A 正解はC．どちらともいえない

「表面上はB社のほうがお金持ちに見えるでしょう。でも、実は**現金を多く持っているというだけではお金持ちとはいえない**のです。なぜだか分かりますか？」

なぜ…？　僕にはさっぱり分からない。悩んでいる僕に、平林先生がヒントをくれた。

「例えば1万円を持っている人と、2万円を持っている人がいるとします。一見、2万円を持っている人のほうがお金持ちに見えますが、もしも、この2万円が借金だったら…」

僕は「なるほど」とうなずいた。

「このように、**目に見える財産**だけではなく、その**財産を手に入れるためにどのように資金を調達したのか**まで考えてみないと、本当のお金持ちかは分かりませんね。実は、その状況を一覧表にしたものを、**貸借対照表**といいます」

平林先生は、説明を続けた。

「財産を総称して**資産**、借金を総称して**負債**、両者の差額を**純資産**と言います。それでは、A社とB社の貸借対照表を、もう一度見てみましょう」

平林先生は、さきほどの貸借対照表（151ページ）を指差した。

「まずA社ですが、仮に現在、すべての負債を返済しようと考えると、借金がないので、お金は全額手元に残りますね」

続いて、B社の貸借対照表を指差した。

「一方、B社は資産から負債を差引くと、2億円が手元に残ります。ですから、負債まで考慮すると、A社のほうがお金持ち企業だといえそうですね。このようにさまざまな角度からお金の事を考えることが大切です。ところで、ここで**1つ注意が必要**です」

注意？　注意って何だ？　僕は、より集中して話に耳を傾けた。

「企業の資産は、A社やB社のように現金のみということは通常ありません。土地や自社ビルを持っていることもあるでしょう。それらの資産は、実は**貸借対照表に購入時の金額をベースに記載**されています。最終的に企業をたたむ場合には、この資産をすべて売却しますが、いくらで売れるのかは、そのときによって異なります。つまり**時価**ですね」

僕はピンときた。

「つまり、**購入時の金額と、時価に差があるかもしれない**っていうことですか？」

「その通り！　田中さん、冴えてますね！　**純資産は、あくまで負債を返済した場合に、**

企業に残る金額の目安なんです。必ずしも、正確な金額とは限らない。それは、**土地や建物を所有している場合、購入時の金額と、時価に差があるかもしれない**からです」

先生は、さらに続けた。

「なお、会社をたたんで負債を返済したあとに残ったお金は、最終的には株主に還元されますから、**純資産は株主の持分の目安**ともいえますね」

「なるほど。いろいろな角度から考えないと、企業に対する理解を誤ってしまう可能性があるんですね」

僕は平林先生にほめられたうれしさで、頭がいっぱいだった。

●「損益計算書」とは？

僕が気を良くしていると、先生は次の課題を出してきた。

「それでは、次は企業の業績について、見てみましょう。**先ほどのA社とB社、商品の販売状況が次のように全く同じだとしたら、どちらの方が儲かるでしょうか？**」

ドリル2
Q

もし、A社とB社の商品の販売状況が次に示す通りまったく同じだとしたら、どちらのほうが儲かるでしょうか？（答えは156ページ）

A社とB社の商品の販売状況

①600円で仕入れた商品を
　1,000円で50万個販売した。

②人件費は１億2,000万円かかった。

③家賃は1,000万円かかった。

↓

	売上高	500,000,000円
−	売上原価	300,000,000円
−	人件費	120,000,000円
−	家賃	10,000,000円
	利益	70,000,000円

ドリル2

A

正解はA社

「**売上から、経費を差引いた金額が利益**です。プラスなら**利益**、マイナスなら**損失**といいます。この段階では、Ａ社とＢ社は同額ですね。しかし、ここで注意しなければならないのは、Ａ社が借金をしていないのに対して、**B社は経営資金を借入れしている**ことです」

借入れをしていると、何かまずいのかな？　僕は、耳を傾けた。

「**借金をしていると、利息を支払う**ことになりますよね？　この利息は、経費となりますから、その分、**利益が少なくなる**んです」

僕は、またピンときた。

「なるほど！　商品の売買の状況がまったく同じでも、**資金調達の状況によって利益が変わってくる可能性がある**ということですね！」

平林先生は、目を丸くして答えた。

「田中さん、本当に冴えてますね！　その通りです！　つまり、どちらが本当に儲かっているのかを見るときには、**商品を売る力**と**資金調達の力**を分けて考えてほしいんです」

A社のほうが儲かる理由

●販売状況（＝商品を売る力）が同じでも…

A社	B社
借金がない	借金がある
↓	↓
利息（＝経費）の支払いがない	利息（＝経費）の支払いがある

↓

A社のほうが儲かる！

（＝資産調達の力が違う）

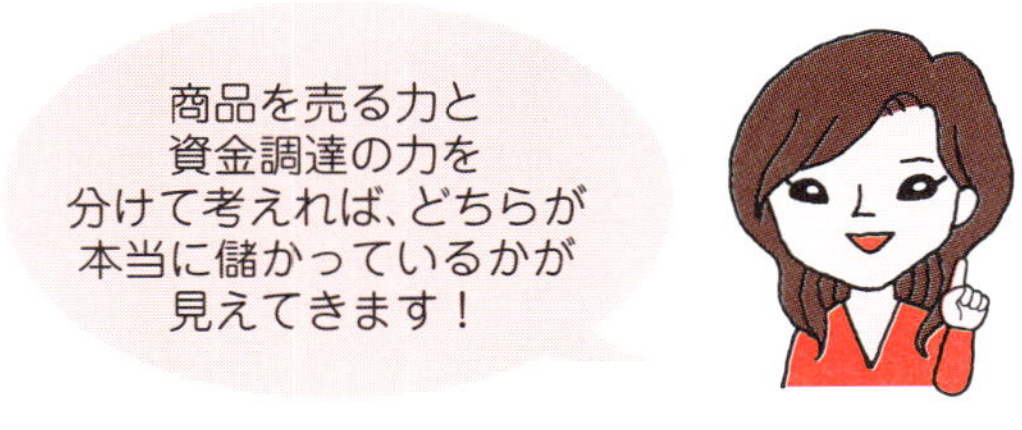
商品を売る力と
資金調達の力を
分けて考えれば、どちらが
本当に儲かっているかが
見えてきます！

平林先生は、**損益計算書のポイント**をホワイトボードにまとめながら、説明した（159ページ）。

「実は**企業の利益を示す損益計算書**は、**商品を売る力**と**資金調達の力**さらには、災害などの**特別な事情に耐える力**を分けて考えられるよう工夫されているんですよ。当期純利益（最終的な利益）が例年より減ったとしても、それは災害が原因かもしれません。そういった場合、特別損失にその内容が計上されるはずです。そういうことが、損益計算書を見ると手にとるように分かるんです」

利益や業績といっても、その良し悪しは、いろいろな観点から考えられるのだ。

僕は、「なるほど」と思った。

「ところで、まったく話は変わりますが、**先ほどのA社とB社、今後倒産する可能性が高いのはどちらの企業だと思いますか？**」

「倒産？　唐突な話ですね…。それは…」

ドリル3

Q

A社とB社は、どちらが倒産する可能性が高いでしょうか？ （答えは160ページ）

損益計算書は5段階の利益を表示します

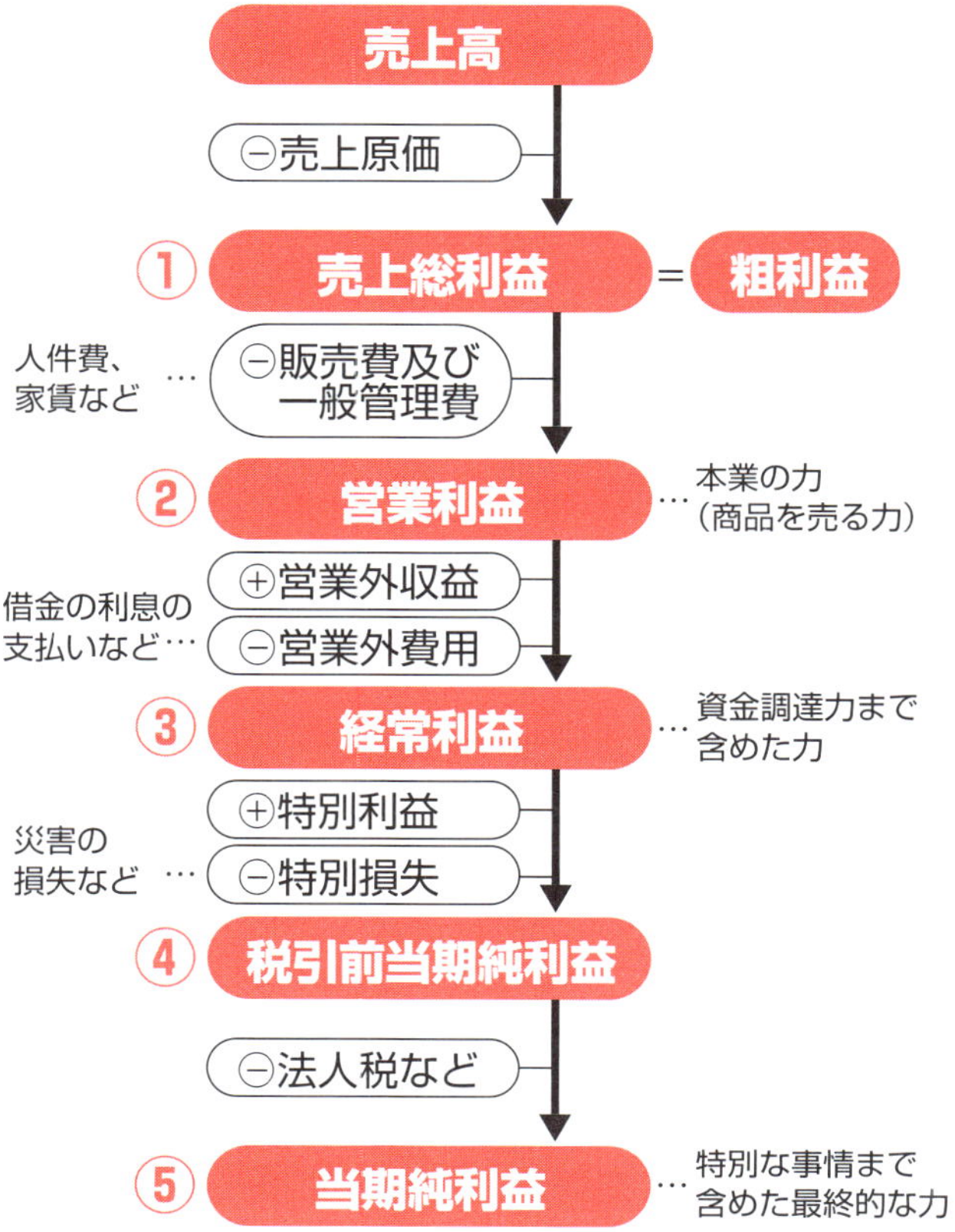
売上高
⊖売上原価
①売上総利益
＝
粗利益
人件費、
家賃など
…
⊖販売費及び
一般管理費
②営業利益
…
本業の力
（商品を売る力）
借金の利息の
支払いなど…
⊕営業外収益
⊖営業外費用
③経常利益
…
資金調達力まで
含めた力
災害の
損失など
…
⊕特別利益
⊖特別損失
④税引前当期純利益
⊖法人税など
⑤当期純利益
…
特別な事情まで
含めた最終的な力

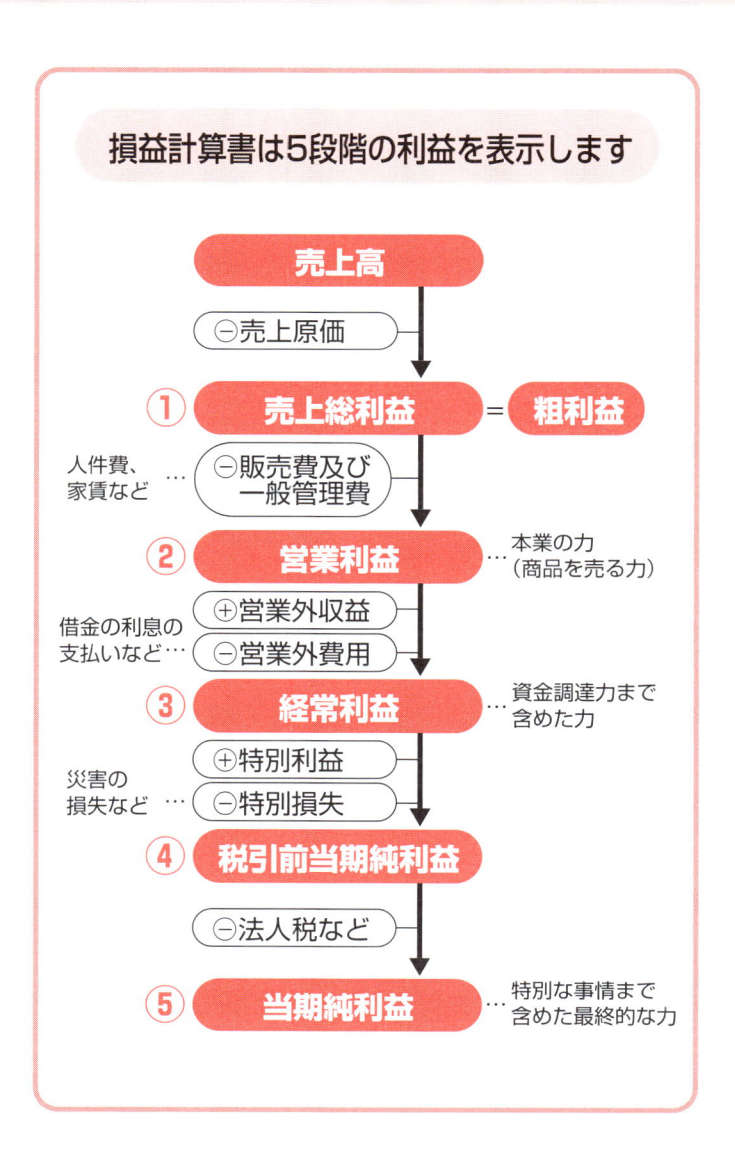

ドリル3

A 正解はB社

「それは、B社ですね！　A社は借金なし。B社は借金あり。ふつうに考えて、借金があるB社のほうが倒産の可能性は高いはずです」

僕の答えに、平林先生が口を開いた。

「正解です。でも、私が言いたいのは、そういうことではないんですよ。実はB社は場合によっては、今すぐにでも倒産する危険性があるんです」

「えっ！　今すぐに？　利益が出ているのに？　どうしてですか？」

「なぜなら、借金の元本の返済は費用ではないからです。つまり、**B社の損益計算書で計算された利益は、元本の返済分を支払っていない状態のもの**なんです。返済条件にもよりますが、通常は利息と同時に、元本も少しずつ返済している可能性が高いですよね？　B社の実際の支出は、損益計算書に記載された費用だけではなく、元本の返済分も加えて考えなければいけないのに、それが**損益計算書には記載されていない**んです」

平林先生は説明を続けた。

なぜ、B社は倒産の危険があるのか？

B社の損益計算書

売上高	500,000,000円
売上原価	300,000,000円
売上総利益	200,000,000円
販売費及び一般管理費（人件費＋家賃）	130,000,000円
営業利益	70,000,000円
営業外費用	24,000,000円
経常利益	46,000,000円

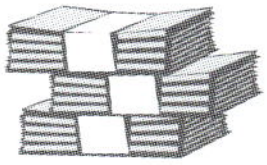

費用
454,000,000

この費用にプラスして、さらに元本返済のお金を用意しなければならない！

今すぐにでも倒産する危険がある！

「**もしも元本返済分のお金が用意できなければ、借金が返済できない。**すると、個人と同じように企業も破産することになります。損益計算書の利益は、収支とは必ずしも一致しないので、利益が出ていても、倒産してしまうんです。これが、いわゆる**黒字倒産**ですね」

●「キャッシュフロー計算書」とは？

「最後にキャッシュフロー計算書の説明をしましょう」

損益計算書の説明を終え、一息ついて平林先生が言った。

「**実際のお金の収支**のことを**キャッシュフロー**といいますが、先ほどお話ししたように、売上や経費と、キャッシュフローとは必ずしも一致しません。損益計算書で利益が出ていることは大切ですが、それだけで企業を判断しては危険です。キャッシュフロー計算書を合わせて利用すると良いでしょう」

そう言うと、先生はホワイトボートに書きながら説明した。

「キャッシュフロー計算書は、このような構造（163ページ）になっています。**営業活動によるキャッシュフローがマイナス**の会社は、商品売買の結果お金を持ち出している会社ということになりますから、**資金繰りに問題がないか要注意**です」

キャッシュフロー計算書

- Ⅰ **営業活動によるキャッシュフロー**
  - ●商品の売買による収支
  - ●プラス（収入）が原則
- Ⅱ **投資活動によるキャッシュフロー**
  - ●設備投資や余剰資金の運用に関する収支
- Ⅲ **財務活動によるキャッシュフロー**
  - ●借入や返済など資金調達に関する収支
- Ⅳ **現金及び現金同等物の増加額**
- Ⅴ **現金及び現金同等物の期首残高**
- Ⅵ **現金及び現金同等物の期末残高**

さらに平林先生は、説明を続けた。

「だから、株式投資などをするときは、**営業活動によるキャッシュフローがマイナスの会社の株はお勧めできません。**原因をきちんと分析できた場合は別ですけれど」

その言葉を聞いて、僕は自分の株式投資を振り返ってみた。そういえば、利益のチェックくらいしかしていなかったし、決算書の知識もチャートの知識も中途半端だった。だから佐藤は株式投資で儲かって、僕は損をしたのかもしれない…。

「さて、それでは今日の最後の質問です。A社とC社の貸借対照表は以下の通りです。**A社とC社、今後物価が上昇するとしたら、どちらが儲かる企業になると思いますか？**」

え、ええ⁉ たったこれだけの情報で、そんな予想ができるものなのか？ だって、両社の違いは、資産が**「現金」**なのか**「現金と建物」**なのかの違いだけなのに…。

もうすぐドリル

ドリル4 Q

今後物価が上昇するとしたら、A社とC社は、どちらが儲かる企業になる可能性が高いでしょうか？ （答えは166ページ）

貸借対照表

A社

資産の部	負債の部
現金 5億円	0円
	純資産の部
	5億円

C社

資産の部	負債の部
現金１億円 建物4億円	0円
	純資産の部
	5億円

A　正解は**C社**

「実は、**資産の中身の違いが業績に大きな影響を与える**可能性があるんです。実際に比較してみましょう。Ａ社は建物を所有していないため、オフィスや店舗のための家賃を支払う必要があります。ところが、**Ｃ社は、家賃の支払いはありません。**ただし、その代わりというわけではありませんが、**減価償却費**という経費が計上されます」

　減価償却費って何だ？　僕は耳を傾けた。

「実はビルなどの建物や、社用車、高額の備品などを購入した場合、**購入時に全額を経費にすることができません。**それぞれ、一定期間にわたって、徐々に経費にしていくんです。これを減価償却といい、一定期間を**耐用年数**といいます」

　僕は必死にメモをとった。

「少し分かりづらいと思いますので、単純な例でお話ししましょう。例えば、１８０万円で社用車を購入したとします。車両は通常６年かけて減価償却するので、**毎年30万円ずつが経費になる**んです」

減価償却とは？

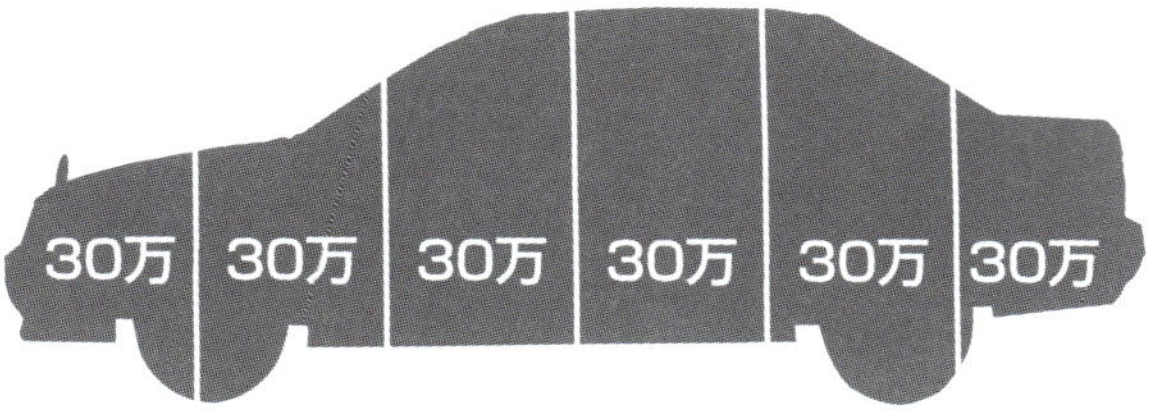
30万
30万
30万
30万
30万
30万

一括で経費にできないため
一定期間（車両は6年）にわたって経費にする。
180万円の車両は
毎年30万円（180万円÷6年）が経費になる！

耐用年数は
資産によって
異なります！

ここまで聞いて、またまた僕はピンときたので、平林先生に聞いてみた。

「費用と支出がズレるんですか？　**減価償却費で30万円が計上されたとしても、その時に実際、30万円を使っているわけではない…**」

平林先生が言った。

「田中さん、その通りです！　社用車の場合、購入時の支出と経費がズレていますから、それが**投資活動によるキャッシュフロー**（キャッシュフロー計算書）**に記載される**んですよ」

平林先生は説明を続けた。

「ここまで理解していただいたところで、A社とC社の業績を予測してみるといかがでしょうか？　両社にはどんな違いが生まれると思いますか？」

「キャッシュフローですね！」

僕は声を上げた。今日の僕は、トコトン冴えている！

「そう、1つはキャッシュフローです。**A社は家賃を毎年支出する**のに対して、**C社は購入時に多額の支出をしたあとは、家賃に相当する支出はなくなります。**もう1つは、家賃か減価償却費か、という違いです。**家賃はその時々の物価に応じて支払う**ことになるのに

A社とC社の違いとは？

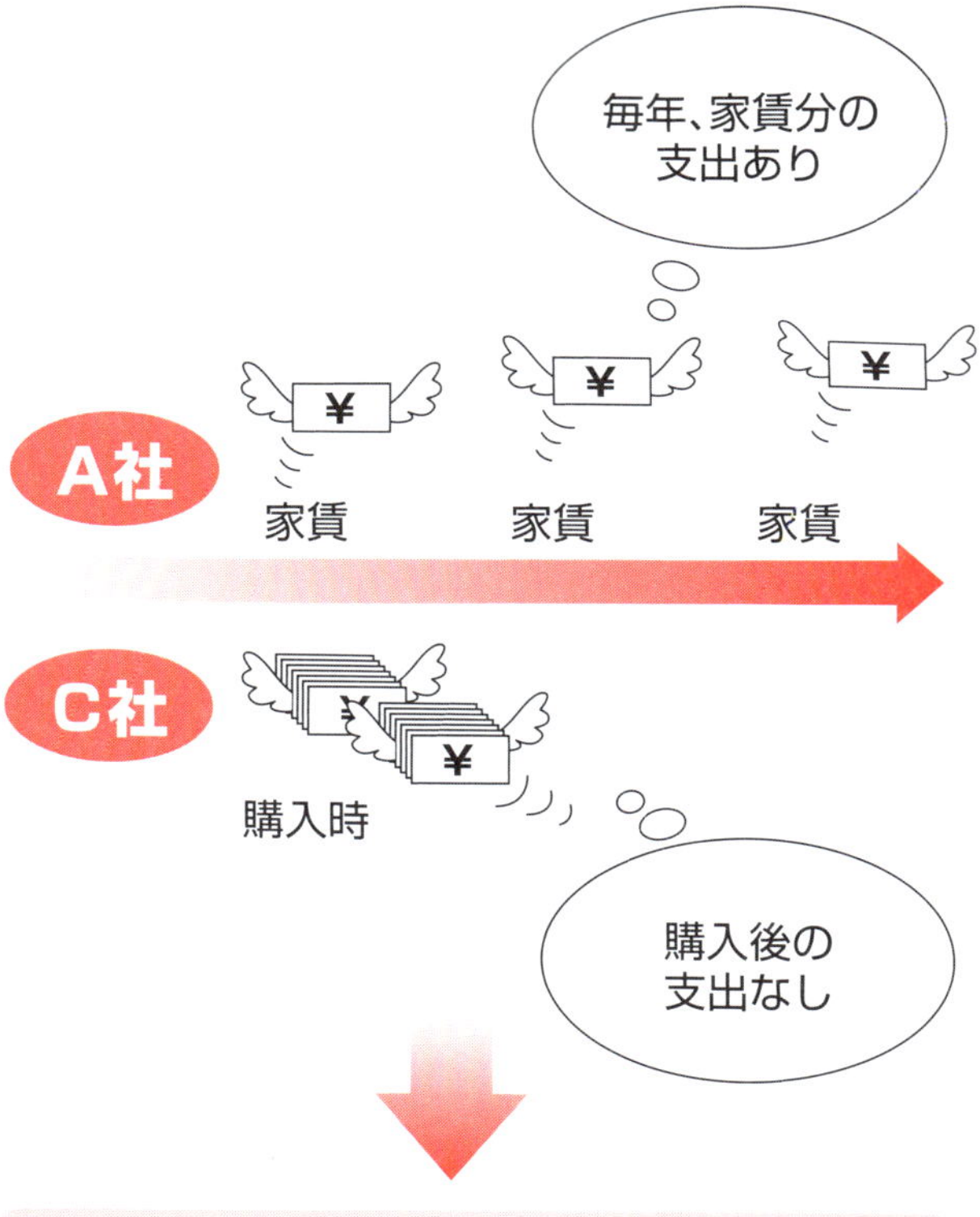
毎年、家賃分の
支出あり
A社
家賃
家賃
家賃
C社
購入時
購入後の
支出なし

A社とC社はキャッシュフローが違う！

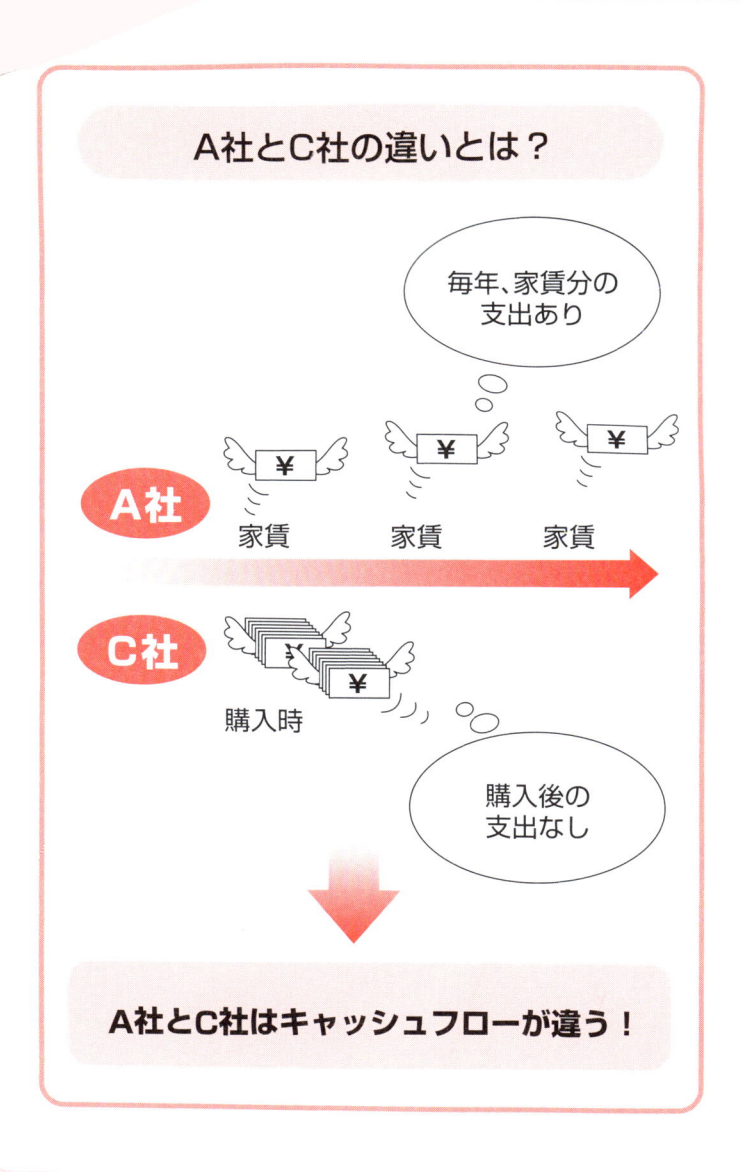

、**減価償却費はいつまでも購入時の金額を基本に計算される**点が重要です」

に、平林先生は続けた。

が変われば物価が変わり、経済の状況は変化します。それにもかかわらず、何十年前の物価水準をもとにした減価償却費が損益計算書に記載されると、利益に影響を与える可能性があるんです」

平林先生は、ホワイトボード（171ページ）に書きながら説明した。

「例えば、今後**物価が上昇**したら、どうなりますか？」

他の参加者をさしおいて、またまた僕が答えた。

「物価の低い時代の金額をもとに減価償却費が計上される**C社の業績に有利**ですね！」

「その通り！　逆に物価が下落すれば、物価の高かった時代の建物の金額に引きずられ、C社の業績に不利になりますね」

平林先生は付け加えた。

「そう考えると、**耐用年数の長い設備などを所有している企業の業績を考えるためには、減価償却費に注意**しなければなりません。実際、企業を分析する際には、減価償却費を除いて計算した利益として、**EBITDA**といった金額を利用することも多いんです」

物価と減価償却費の関係とは？

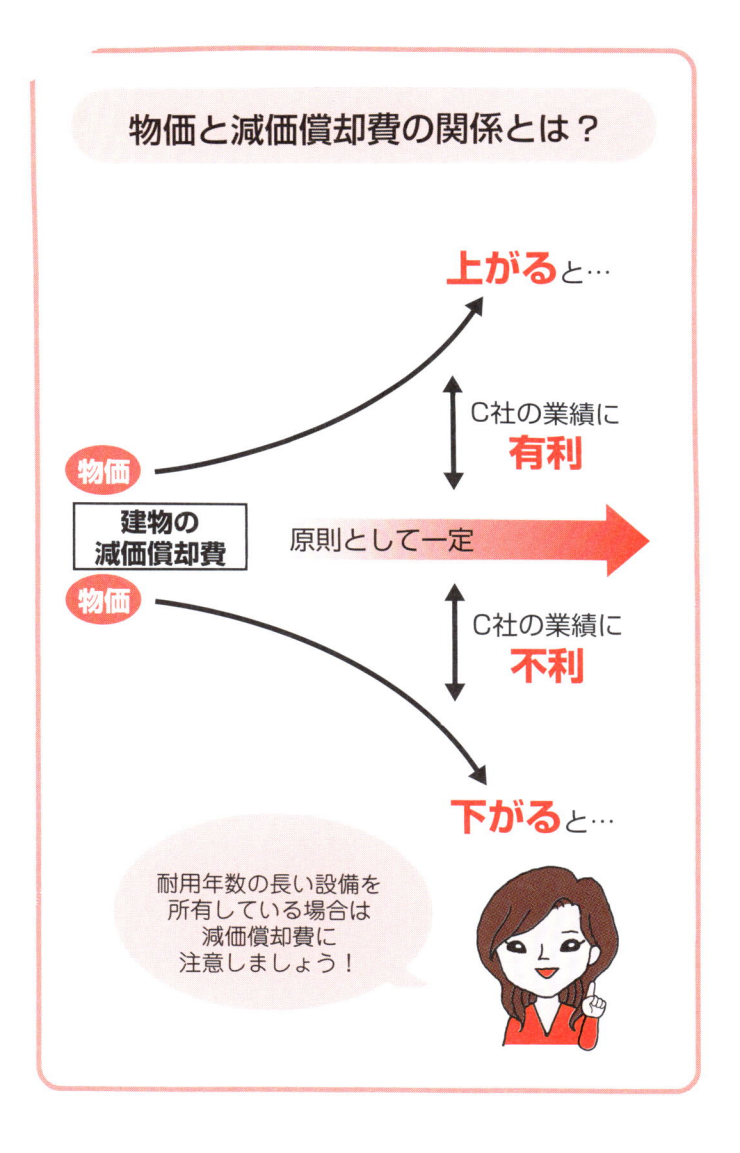

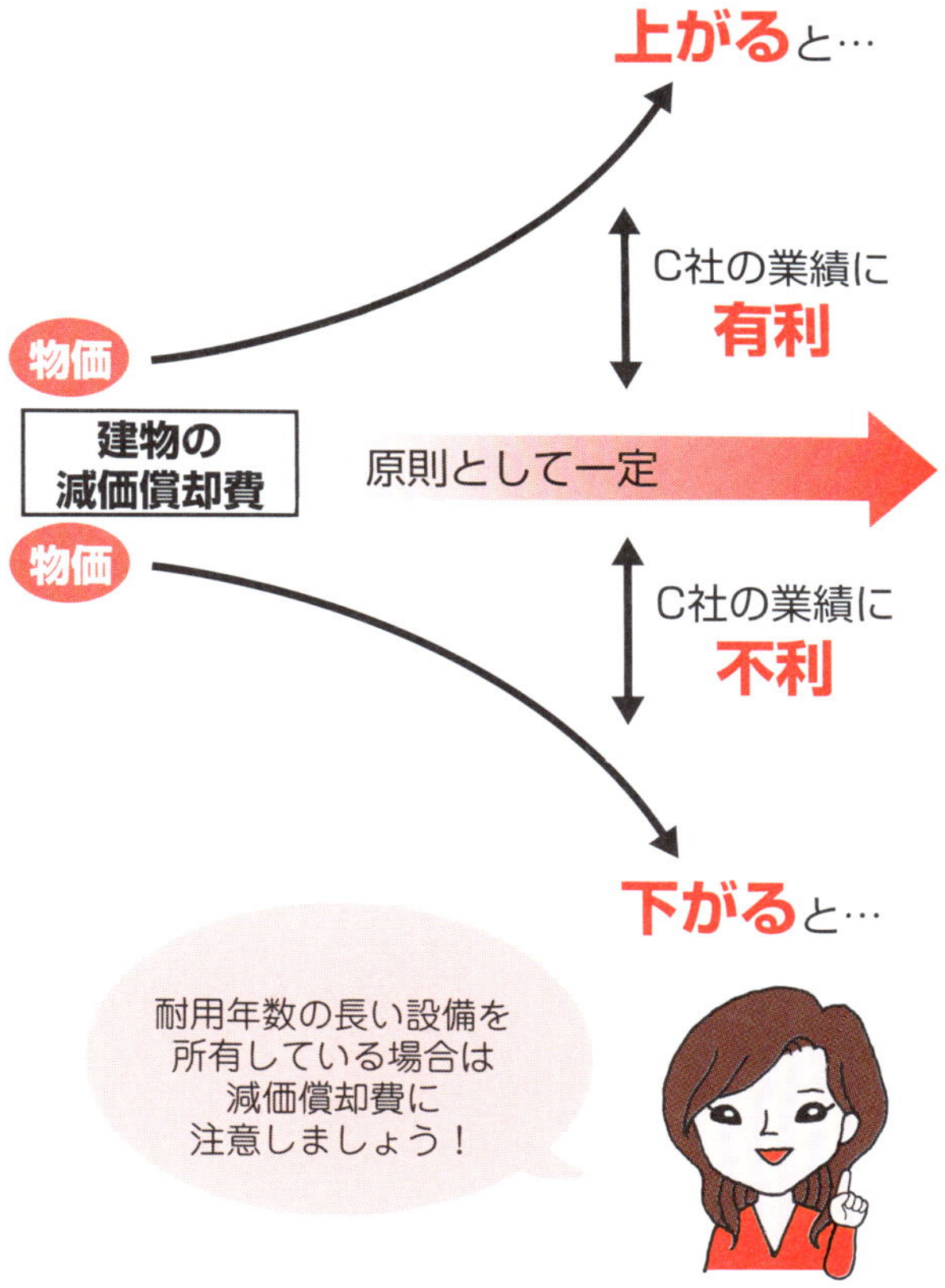
上がると…
C社の業績に
有利
物価
建物の
減価償却費
原則として一定
物価
C社の業績に
不利
下がると…
耐用年数の長い設備を
所有している場合は
減価償却費に
注意しましょう！

ステージへ！

での内容はだいたい理解できた。決算書を完全に理解したとはいえないけれど、イントが見えたような気がしていた。そのとき、平林先生がセミナーを総括した。

今日の話は、決算書の基本の基本です。まずは細かいことにとらわれず、大きな視点で、決算書と企業について考えてみてください。まだまだお伝えしたいことがたくさんありますが、それはまたの機会にしましょう。本日はありがとうございました！」

帰り際、佐藤が口を開いた。

「田中。なかなかやるじゃないか！」

僕は答えた。

「たいしたことないよ。まだまださ…」

そう、今日はまだ、スタートラインに立ったばかりだ。僕と佐藤の競争は、まだまだ始まったばかりなのだ…。

もっと勉強して、いつか、絶対に見返してやるぞ！　見てろよ、佐藤！

◉最後に一言

本書を最後までお読みいただき、ありがとうございます。本書は「会計をもっと知ってほしい！」「会計が役に立つということを伝えたい！」という思いから生まれました。

会計は、**「営業」「交渉」「プレゼン」「投資」「キャリアアップ」「出世」「経営」**など、ビジネスパーソンにとって、ありとあらゆる場面で、**きっと役に立つ**はずです。それは、どうしてでしょうか？

例えば、あなたは以下のように思ったことはありませんか？

「どうしてこの商品は、この値段で売られているのだろう？」

「なぜ、あの会社は倒産してしまったのだろう？」

実は、こうした疑問に答えてくれるのが**「会計」**です。もちろん会計の知識や決算書の情報だけで、「お金の謎」のすべてに答えが出るとはいいません。しかし、お金の謎を会計の発想で考えると、「この商品の原価はこれくらい。アルバイトの時給はこのくらい…。ああ、オーナーは本当にたいして儲からない中で、頑張ってお店を続けているんだな」とか、「このレストランのオペレーションはすごい工夫されているに違いない」といった、

表に隠されたドラマや、世の中の裏側を想像できるのです。

、こうした発想は、日常生活のみならず、**ビジネスシーンにおいて、大きな力を**

す。例えば、大きなプロジェクトを動かすときなどに、「どんなコストがかかっ

このくらい儲かるのか？」「資金をどうやって調達するのか？」「商品をいくらで販売

すればいいのか？」などが分かるでしょう。

さらに、企業同士の取引で、いたずらに値引きを要求したりすることなく、相手企業を考慮した交渉も可能になります。相手の状況を考慮することは、ビジネスを長続きさせる秘訣です。また、「この取引は危ない！」という危険を察知することもできるでしょう。

やはり会計は、**できるビジネスパーソンになるために必須**なのです。

本書は小説仕立ての入門書ということで、できるだけ分かりやすい表現になるよう心がけました。会計をよく知っている方にとっては、ツッコミを入れたくなる部分もあるかもしれませんが、本書が会計に対する興味を持つきっかけの1つになれば、著者としてこんなに幸せなことはありません。少しでもあなたのお役に立つ1冊となれば幸いです。

２００８年６月　平林亮子

〈著者プロフィール〉

平林亮子（ひらばやし・りょうこ）

公認会計士。平林公認会計士事務所所長。女性士業プロジェクト SophiaNet プロデューサー。

1975年、千葉県生まれ。1996年、お茶の水女子大学3年在学時に公認会計士2次試験に合格。在学中から太田昭和監査法人（現新日本監査法人）に勤務し、国内企業の監査に多数携わる。2000年、公認会計士3次試験に合格すると同時に独立。

現在は、経営コンサルタントとして活躍する一方で、大学、セミナー、企業研修等で講師も務める。また、2007年より、女性弁護士らの協力のもと、専門的な知識をわかりやすく情報発信していこうというプロジェクト、SophiaNet を立ち上げ、幸せな人生を送るためのさまざまなイベントを企画している。

「楽しく幸せに生きる」をモットーに、マイペースに過ごす日々を何よりも大切にしている。

主な著書に『会計についてやさしく語ってみました。』（ダイヤモンド社）、『リッチな人生のための黄金の泉と7つの教え』（インデックス・コミュニケーションズ）などがある。

もっと会計のドリルを楽しみたい方、知識をつけたい方はこちらへ！
http://eq-drill.com
（無料で遊べる！『脳を鍛える！会計 EQ ドリル』）

イラスト・カバーデザイン／ハッチとナッチ
DTP・本文デザイン／シライシ トモミ（株式会社システムタンク）

1日15分！　会計最速勉強法

2008年6月28日　　初版発行

著　者　平林亮子
発行者　太田宏
発行所　フォレスト出版株式会社
〒162-0824 東京都新宿区揚場町2－18　白宝ビル5F
電話　03-5229-5750
振替　00110-1-583004
URL　http://www.forestpub.co.jp

印刷・製本　（株）シナノ

ISBN978-4-89451-307-5